EL ESCORIAL

EL MONASTERIO
Y LAS CASITAS DEL PRINCIPE
Y DEL INFANTE

TEXTO Y NOTAS

DE

MATILDE LOPEZ SERRANO

MADRID

EDITORIAL PATRIMONIO NACIONAL

1987

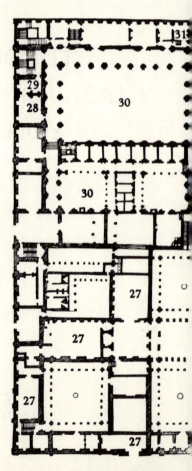

1. Puerta y entrada principal.
2. Porche; en el piso superior la Biblioteca.
3. Patio de los Reyes.
4-5. Escaleras de subida a la Basílica y fachada de ella.
6. Porche o vestíbulo de la Basílica.
7. Atrio del templo o coro bajo.
8. Patinejos.
9. Coros de los Seminarios.
10. Basílica.
11-12. Presbiterio y altar mayor.
13. Oratorios reales.
14. Escalera de subida al Coro y entrada a los Panteones.
15. Antesacristía.
16. Sacristía.
17. Altar de la Sagrada Forma.
18. Salas Capitulares.
19. Claustro principal bajo.
20. Patio de los Evangelistas.
21. Iglesia vieja.
22. Escalera principal.
23. Sala de la Trinidad.
24. Sala de los Secretos, antigua portería.
25. Entrada y subida a la Biblioteca principal sobre el porche n.° 2.
26. Biblioteca de manuscritos.
27. Colegio.
28. Entrada al Palacio de los Borbones.
29. Escalera de Palacio.
30. Habitaciones del Palacio.
31. Puerta de salida del Palacio y subida al del siglo XVI.
32. Sala de Batallas.
33. Habitaciones de la Infanta Isabel Clara Eugenia.
34. Galería de los Aposentos Reales.
35. Salón del trono (antecámara del Rey).
36. Habitaciones de Felipe II.
37. Dormitorio y oratorio del Rey.
38. Patio de los Mascarones.

Parte del Colegio

EL ESCORIAL

EL MONASTERIO
Y LAS CASITAS DEL PRINCIPE
Y DEL INFANTE

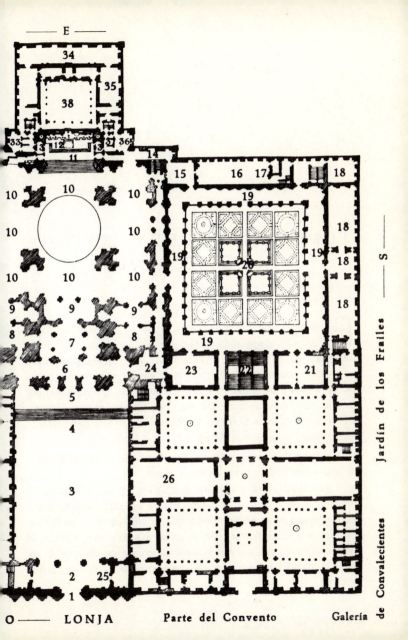

EL MONASTERIO DE SAN LORENZO DE EL ESCORIAL

EL Monasterio de San Lorenzo de El Escorial es lugar obligado para toda clase de excursionistas: la grandiosidad austera de su arquitectura, las inmensas riquezas artísticas que encierra y el alto significado histórico de su creación y sucesivo desenvolvimiento en la vida nacional, lo califican como uno de los monumentos españoles más extraordinario: "octava maravilla del mundo" fue denominado muy pronto en su época. **(Pág. 17)**

En el año 1963 se cumplió el IV Centenario de su construcción, y de aquí el vasto programa llevado a cabo.

En un texto como el nuestro, poco es el espacio de que puede disponerse para dar idea de la gran labor acometida, pero tampoco podemos dejarla al margen: una simple enumeración de las realizaciones centenarias bastará para mostrar no sólo el esfuerzo que se ha hecho para conseguir que el Monasterio vaya recuperando su estado primitivo y original, sino su mejoramiento y embellecimiento totales.

Con palabras del propio arquitecto restaurador D. Ramón Andrada, "las obras han sido tan importantes que puede afirmarse que después de la gran reconstrucción ordenada por Carlos II para reparar los daños causados al Monasterio por el incendio de 1671, es el año 1963 otro de los momentos culminantes en la vida del monumento, que en ese año cumple el IV Centenario de su construcción, y en él se resumen los trabajos realizados y las necesarias y trascendentes obras emprendidas para evitar ruinas y destrozos, que no se hubiesen podido corregir por los recursos y medios normales de conservación y entretenimiento; asimismo, han podido llevarse a término otras obras de adaptación para una mejor exposición y circulación, necesarias y exigidas por la afluencia de visitantes (cerca del medio millón) que anualmente admiran las riquezas que el Monasterio contiene: obras que la técnica museísta impone".

Así, pues, además de la lucha sin tregua contra los termitas se ha replantado sobre tierra nueva el Jardín de los Frailes, se han saneado y consolidado tanto los cuerpos de las torres de las esquinas como sus admirables chapiteles, "ya restaurados bajo Carlos II, según el plan de Bartolomé Zumbigo, que modificó su traza, abarrocándolos, y su altura en casi 4 metros sobre la primitiva, altura que se ha restablecido" (Andrada). Se ha puesto en servicio el llamado *Palacio de Verano de Felipe II,* que ocupa la planta baja y se corresponde exactamente con el Palacio del siglo XVI en la planta superior, convirtiéndolo en Pinacoteca, así como dos salas en la galería del Patio de Palacio o de Chancillería; se ha descubierto una nueva bajada al Panteón de Reyes; se ha restaurado el Patio de los Mascarones o patio privado del Palacio de Felipe II y el más antiguo del edificio, según trazas del primer arquitecto Juan Bautista de Toledo; y la llamada *Planta de bóvedas* se ha acomodado con admirable ambiente para Museo de la Arquitectura del Monasterio.

Otra realización es el Aula de Conferencias o Salón de Actos en el claustro principal alto, a la derecha de la escalera principal y con balcones al Jardín de los Frailes. Aunque su moblaje es, naturalmente, moderno, pero adecuado al ambiente, sus muros se han decorado con los ocho tapices de la Serie llamada *Los Monos,* porque estos animales son los más característicos de los que en ella aparecen entre flores, frutas, ramilletes, guirnaldas y unos como cenadores de madera; es tapicería flamenca del siglo XVI, muy fina y con abundante hilo de oro.

Como obras "menores" hay que consignar la restauración del solado de la Lonja y el del Patio de los Reyes; las mejoras en las redes de agua y en el alcantarillado, con la multiplicación de servicios de aseo. Muy especial mención merecen las nuevas y potentes instalaciones eléctricas que permiten la adecuada iluminación de las Salas de exposiciones (Pinacoteca, Museo de la Arquitectura monasterial, Sacristía, Salas Capitulares); de la Basílica, total y parcialmente (fachada y porche, bóvedas, altar mayor y grupos de los enterramientos reales, altares menores, coro y órganos, cúpula); del claustro principal, con las pinturas de la bóveda de la escalera de honor; de la Biblioteca (pinturas de la bóveda y vitrinas centrales); de los Panteones y de los Palacios del siglo XVI y del siglo XVIII. También se han iluminado los patios, resultando unas realizaciones espléndidas y deliciosas a la vez las que corresponden al Patio de los Evangelistas y al de los Reyes.

Finalmente, la extraordinaria iluminación exterior del Monasterio, con la que resalta no sólo la armónica mole del edificio (fachadas), sino todo el movimiento de su admirable distribución arquitectónica aérea (cúpula, torres, chapiteles, tejados de pizarra). Lo mismo sucede con la de los jardines y huertas que rodean al Monasterio, así como la de su estanque o alberca de la fachada del Mediodía: es un espectáculo grandioso contemplar en las noches de verano el Monasterio esplendente de luz. **(Pág. 22)**

Por último, y ajenas al conjunto de restauraciones de arquitectura e ingeniería, hay que mencionar las de los órganos de la Basílica, que han permitido ofrecer espléndidos conciertos. Al reloj de la torre se le ha agregado un bello carrillón.

*   *   *

San Lorenzo de El Escorial dista de Madrid 49 Km. por carretera. Está situado junto a la Sierra de Guadarrama con una altitud de 1.055 metros. La villa de San Lorenzo de El Escorial (7.000 habitantes) que se levanta junto a él, es agradable lugar de descanso durante el año y muy animado centro veraniego. Su situación pintoresca realza aún más la potente arquitectura monasterial; al N. y O., se elevan los montes de la Sierra de Guadarrama; al E. y S., se dilata la llanura castellana que llega hasta Madrid.

La construcción del Monasterio fue idea personal del Rey D. Felipe II que quiso así conmemorar la victoria en la batalla de San Quintín, ganada por los españoles el 10 de

agosto de 1557, festividad de San Lorenzo. El Rey, devoto
del Santo, en acción de gracias, puso bajo su advocación el
monumento; éste había de ser principalmente Panteón Real,
sepulcro de sus padres y el suyo propio y de sus familiares.
Para cuidado del mismo estableció una Comunidad que
atendiese las necesidades espirituales y materiales de la
fundación: la Orden elegida fue la de los Jerónimos, preferi-
da por española y por haber sido la que acompañó en Yuste
al viejo Emperador Carlos V. Asimismo Felipe II deseó poseer
una vivienda como Palacio de descanso: su predilección por
él fue tan grande que allí quiso morir (13 de septiembre
de 1598).

Las obras duraron 21 años (23 abril de 1563-13 septiembre de 1584); el arquitecto encargado de dirigirlas fue
Juan Bautista de Toledo que tuvo por ayudante a *Juan de
Herrera* quien le sustituyó, muerto aquél en 1567, y realizó
una obra grandiosa con estilo muy personal "de severa depu-
ración de los elementos clásicos del Renacimiento italiano",
anticipación genial de modernos conceptos arquitectónicos,
la cual se ha estimado interpretación fidelísima de la idea
del Rey; éste quiso también hacer del Monasterio escurialense un compendio de las artes y de las letras de su tiempo:
para ello atrajo a un numeroso grupo de artistas italianos y
españoles que realizaron la decoración interior: Tibaldi, Luchetto, Granello, Castello, Zuccaro, Cincinato, Sánchez
Coello, Navarrete el Mudo, Monegro, etc. Otros grandes artistas trabajaron para él sin casi desplazarse de sus talleres
respectivos, como los escultores broncistas de Milán León y
Pompeyo Leoni, Tiziano, el Greco.

El Monasterio es un gigantesco paralelogramo rectángulo
(207 x 161 m.) con cuatro torres de 55 m. en sus ángulos,
cubiertas por chapiteles de pizarra rematados por un gran

bola de metal (1,40 m. de diámetro) con veleta y cruz **(Pág. 17)**
en el lado oriental del paralelogramo, forman saliente en
su centro la cabecera del templo y las habitaciones del Palacio
de Felipe II, por lo que popularmente se indica que la planta
del Monasterio recuerda así la forma de una parrilla, instru-
mento del martirio de San Lorenzo; destacan también sobre la
construcción los dos campanarios gemelos de 72 m. y la grandiosa cúpula o cimborrio del templo que alcanza 92 metros de
altura en su mayor dimensión. En el edificio, todo él de granito
y de estilo dórico en su mayor parte, se levantan 9 torres y
existen 15 claustros, 16 patios, 88 fuentes, 86 escaleras, más
de 1.200 puertas y 2.600 ventanas.

Una amplia explanada denominada la *Lonja,* lo rodea por
sus lados norte y oeste con una anchura de 36 y 52 metros
respectivamente, explanada que termina con una cerca de
granito labrado, adornado con fuertes pilastras coronadas con
bolas; sus nueve entradas se cierran con gruesas cadenas de
hierro; el suelo está dividido por caminos de losas de granito
perpendiculares entre sí, que corresponden a las pilastras
y puertas de la edificación **(Pág. 18)**

Para las necesidades del alojamiento y servicios de la
Corte, se construyeron alrededor de la Lonja, en la acera
frontera, las llamadas Casas de Oficios, Ministerios, Infantes,
Reina y la Compaña, unidas entre sí por arcos de comunicación (excepto la de Infantes), todas de granito y de sencilla
arquitectura que armoniza con la del Monasterio. Un camino
subterráneo denominado "La mina", atraviesa la Lonja en su
lado norte desde las Casas de Oficios hasta el zaguán del
Palacio de los Borbones, camino que fue construido en tiem-
pos de Carlos III para evitar las molestias de los fuertes
vientos y nevadas de los días invernales. La Casa de Infantes
y la Compaña, comunican con el Monasterio por un tránsito

que cierra la Lonja de poniente en su lado meridional, tránsito construido también de granito, cubierto con pizarra y adornado de pilastras, ventanas y arcos.

En los lados Este y Sur, se corresponde con las Lonjas una enorme terraza de 28 m. de ancho por 547 de largo sostenida por 77 arcos de cantería de casi 8 m. de altura y terminada con una cerca o antepecho de piedra labrada. Entre ésta y el edificio se extienden bellos jardines en los que recortados bojes o macizos de adelfas forman dibujos geométricos de muy agradable perspectiva y en sus combinaciones quedan encajadas 12 sencillas fuentes de pilón cuadrado en las que mana el agua por una piña colocada en su centro, también de granito. Se han denominado *colgantes* a estos jardines porque están sobre bóvedas apoyadas en pilastras que forman capillitas, nichos y asientos de buen gusto a las que se baja por las escaleras que también sirven de comunicación con las huertas y bosques de las inmediaciones.

Fachadas.

En medio de este inmenso plano formado por las Lonjas y las terrazas, se levanta la grandiosa mole del Monasterio, cuyas fachadas presentan desigual interés arquitectónico y artístico. La *fachada de Oriente* **(Pág. 33)** es la más sencilla de todas; en su centro se adosa el cuerpo de edificio casi cuadrado que constituye el Palacio del siglo XVI y en su muro del fondo o poniente, se eleva un frontispicio liso, sin ventanas ni adornos, que constituye el respaldo de la Capilla Mayor; a los extremos de la fachada hay dos torres cuadradas; y los lienzos de muro se adornan con cinco órdenes de ventanas, excepto los del Palacio, solamente con dos, suman-

do en total 286 ventanas y además 5 puertas, dos en las
torres, otras dos a los lados del Palacio del siglo XVI y otra en
medio de éste que es, a la vez, reja.

La *fachada norte* (**Pág. 18**) tiene 162 m. de largo y su lienzo de muro se divide a trechos iguales por pilastras resaltadas
hasta la cornisa: entre ellas se abren 4 órdenes de ventanas,
180 en total, y 3 grandes puertas que dan paso, la del
medio que es la antigua del Palacio, la de la derecha, al
Colegio de PP. Agustinos; la de la izquierda, a las habitaciones
reales; una cuarta puerta muy pequeña, en la Torre de las
Damas fue la que siempre usó Felipe II porque junto a ella
está la antigua escalera principal de Palacio.

La *fachada del Mediodía* (sur) (**Págs. 20-21-36-37**) es la
más hermosa de todas, no sólo por su grandiosa sencillez sino
porque a consecuencia de los desniveles del terreno, tiene
mayor altura; como la del norte y en toda su largura de
162 m., se levanta sobre la terraza de los jardines un estribo
de 5 m. hasta encontrar el nivel de la Lonja, estribo adornado
con ventanas cuadradas con rejas; la fachada tiene además
4 órdenes de ventanas, las primeras con rejas de hierro vola-
das; el número de todas ellas es de 296; y tres puertas pequeñas, una en cada torre y otra en el centro. A esta fachada
es a la que corresponde el más bello de los jardines ya men-
cionados, el conocido por *Jardín de los Frailes* (**Págs. 20-21-
36-37**), desde donde se disfruta una perspectiva de todo este
costado meridional del edificio, así como del monte y la
sierra por un lado y la inmensa llanura hasta Madrid, por
otro; y a sus pies, la gran alberca o estanque, espejo donde
el Monasterio se refleja perennemente con los maravillosos y
siempre cambiantes juegos de luz en el transcurrir de las
estaciones... Todavía aumenta más la belleza de esta fachada
la *Galería de Convalecientes* (**Págs. 20-21-36-37**), que hace

ángulo con ella y con la de poniente, quedando exenta por completo del edificio monasterial. Recibe su nombre porque estando en el mismo piso y contiguo a la enfermería, resguardada del Norte y Poniente y abierta a Mediodía y a Levante, servía para paseo de los convalecientes que gozaban los aires templados y vivificantes y las hermosas vistas que se ofrecen desde ella.

Toda la Galería, como se ha dicho, queda fuera de la línea del Monasterio, pues su pared de fondo arranca desde la esquina de la botica (ángulo de mediodía y poniente), comunicándose con aquella por un largo balcón corrido, de hierro, colocado sobre la cornisa de los sótanos que ensancha un poco más por esta razón. El ancho de la Galería es de unos 5 m. por 26 de largo en la dirección de oriente y algo más en la de mediodía; forma dos cuerpos o galerías: la baja, al nivel de los jardines, es de orden dórico, con 8 arcos sobre columnas, con algunos intercolumnios adintelados; en la pared del fondo se abren nichos de dos tamaños y los más pequeños presentan asientos. La galería alta es de orden jónico, con balaustrada y antepechos de piedra y remata con arquitrabe, friso y cornisa con dentellones, trabajo primoroso y de elegancia exquisita. Su autor es Juan de Herrera que lo expresa así en su *Explicación de los diseños del Monasterio de El Escorial* (1589) dibujos de su mano que grabó el flamenco Pedro Perret con autorización de Felipe II, texto y láminas que por lo raros no han sido fácilmente asequibles al investigador, lo que ha dado lugar a erróneas atribuciones.

La *fachada principal* (**Págs. 18 y 19**) corresponde al oeste (207 m. de largo por 20 de altura) dividido su muro a trechos iguales por pilastras resaltadas que interrumpen las portadas, con dos cuerpos de alzado rematados por cornisas; también de dos cuerpos es la elegante portada clásica (dórica en su primer tramo y jónica en el segundo, con frontón rematado con bolas), que destaca en el centro de la fachada, con la puerta principal: sobre ésta, una pequeña ventana flanqueada por la parrilla, emblema del martirio de San Lorenzo y del Monasterio de El Escorial; en el cuerpo alto, resalta en su centro el escudo real de Felipe II y en un nicho, una estatua de San Lorenzo (de 4 m. de altura), en granito, con manos y cabeza de mármol blanco, obra del toledano Juan Bautista Monegro, escultor y arquitecto contemporáneo de la obra escurialense. Esta puerta da paso al Monasterio por un amplio porche o zaguán que a su vez da paso al *Patio de los Reyes* **(Pág. 23),** así denominado por las 6 grandes estatuas de monarcas de Judea, de 5 m. de alto, que decoran la fachada del templo; son éstos, de izquierda a derecha, Josafat, Ezequías, David, Salomón, Josías y Manasés; también son obra de Monegro que empleó los mismos materiales, granito y mármol, como en la que hizo de San Lorenzo; las coronas, los cetros y las insignias, son de bronce dorado por el escultor Sebastián Fernández; las inscripciones que acompañan a cada estatua, se colocaron en 1660.

El patio es de proporciones perfectas: 64 m. de largo por 38 de ancho: a él abren cuatro órdenes de ventanas, 80 en cada lado; en el muro de la izquierda, según se mira a la iglesia, entre la octava y la novena ventanas, se halla la última piedra colocada en el edificio, señalada con pequeña cruz negra, a la que en el tejado corresponde otra cruz grande formada con el corte de las pizarras. Debe llamarse la atención sobre la bella fachada del porche o zaguán que da al patio, por el juego de ventanas que corresponden a las dos salas de la Biblioteca principal y de la Biblioteca de manuscritos.

La Basílica.

Al fondo del Patio, sobre una extensa plataforma a la que se asciende por siete escalones que ocupan todo el ancho de aquél, se levanta la grandiosa *Basílica.* La *fachada* de orden dórico, consta de dos cuerpos, con dos torres a los lados; en el cuerpo bajo se abren cinco arcos entre grandes columnas y sobre ellos, un balcón con antepecho de hierro; por encima corre ancha cornisa que forma el arranque del segundo cuerpo: en ella se alzan los pedestales con las seis estatuas de los Reyes de Israel y la inscripción alusiva correspondiente; los pedestales se hallan unidos entre sí por una barandilla de hierro; en el muro se abren tres ventanas rectangulares, rematando este cuerpo en un frontón que se interrumpe en su centro por otra gran ventana que da luz al coro e iglesia; las torres, de 72 m., se hallan en parte embebidas en el edificio, por lo que parecen más bajas; terminan por pirámides con bolas de metal sobre una media naranja; en la torre de la derecha se hallan el reloj y las campanas **(Págs. 17 y 34)**.

Los cinco arcos de la fachada dan acceso a un porche o vestíbulo abovedado de 38 m. de largo por 5 de ancho; los arcos exteriores se corresponden con otros tantos en el interior, todos con puertas; las tres centrales dan entrada a la iglesia y en ellas, las de los lados, muestran bajo el arco sendos medallones de mármol negro con inscripciones latinas en letras de bronce dorado, alusivas una a la colocación de la primera piedra del templo por el Rey fundador el día de San Bernardo (20 de agosto de 1563) y al comienzo de los

Monasterio: Vista general panorámica
Le Monastère: Vue d´ensemble
Monastery: General panoramic view

Kloster: Allgemeiner Rundblick
Monastero: Vista generale panoramica
Mosteiro: Vista geral panorâmica

Fachadas norte y poniente
Façades Nord et Ouest
North and West Façades

Fassaden nord und west
Facciata nord e ponente
Fachadas norte e ponente

Fachada principal iluminada   Beleuchtete Hauptfassade
Façade principale illuminée   Facciata principale illuminata
Main façade illuminated   Fachada principal iluminada

Monasterio: Fachada del mediodía con la Galería de Convalecientes y la alberca
Le Monastère: Façade sud, Galerie des Convalescents et pièce d´eau
Monastery: South façade with the Galería de Convalescents and the reservoir

Kloster: Suedfassade mit der Galeríe der Genesender und Zisterne
Monastero: Facciata di mezzogiorno con la Galleria dei Convalescenti e il laghetto
Mosteiro: Fachada do meio-dia com a Galaria dos Convalescentes e a alverca

Monasterio iluminado
Le Monastère illuminé
Illuminated Monastery

Aufgeklärt Kloster
Monastero illuminato
Mosteiro iluminado

Patio de los Reyes
Cour des Rois
Court of the Kings

Hof der Koenig
Cortile dei Re
Pátio dos Reis

Silla de Felipe II   Stuhl des Filip II
Chaise de Philippe II   Sedia di Filippo II
Philip II´s Seat   Cadeira de Felipe II

Oficios divinos en la Vigilia de San Lorenzo (9 de agosto de 1586), y la otra a la consagración de la Basílica (30 de agosto de 1595).

Entrando por cualquiera de estas tres puertas (cuyos marcos y armaduras son de madera de finísima ácana de las Antillas y sus tableros de encina), se penetra en la iglesia por el *Atrio* del templo o *Coro bajo,* de planta cuadrada de casi 17 m. de lado; cuatro pilares cuadrados trazan un crucero en cuyos extremos se abren cuatro grandes arcos que son otras tantas puertas (la de entrada, las dos laterales que dan a los patinejos y la del frente que da paso a la iglesia). También forman cuatro capillitas en sus ángulos: las dos del lado de la entrada sirven de canceles y las otras dos están dedicadas a Stos. Cosme y Damián y a San Blas y San Sixto respectivamente. Los pilares sustentan una admirable bóveda que "a pesar de su larga fuga (en frase del Padre Quevedo), se ve tan llana como el pavimento y aún con alguna convexidad": es por este efecto óptico por lo que se la suele llamar vulgarmente *bóveda plana.*

Pasadas estas capillas en dirección al templo se hallan *los coros de los seminarios,* tres espacios de 5 m. de largo por 3,90 de ancho, rodeados de asientos de nogal donde los seminaristas cantaban antiguamente todos los días la misa de alba.

El Templo.

Se entra en él desde los coros de los Seminarios por una gran puerta con reja de bronce, labrada y dorada a fuego en Zaragoza en el taller de Tujaron; otras cuatro puertas, también con rejas semejantes y del mismo artífice, hacen juego con la principal. La planta de la iglesia es cuadrada, de unos 50 m. de lado y dórico el orden de su arquitectura, imitando la traza de San Pedro de Roma **(Págs. 38 y 39);** cuatro enormes pilares centrales sostienen, sobre pechinas, la gigantesca cúpula (92 m. de altura a partir del pavimento) y con otros ocho fronteros a ellos, resaltados de los muros, forman los apoyos de 24 arcos que sostienen las bóvedas: estas divisiones originan una planta de cruz griega o de brazos iguales con tres naves. En los pilares del centro y por la parte que mira a las naves menores, se abren dos vanos que rematan en arcos de medio punto: en el interior se hallan sendos altares; en el superior una tribuna con su antepecho de bronce dorado y sin comunicación alguna: los mismos altar y tribuna, presentan los ocho pilares murales. Una galería con balaustrada de bronce, corre a lo largo de toda la iglesia a unos 8,50 metros de altura. El templo recibe luz por 38 ventanas de las que ocho corresponden al cimborrio. Las bóvedas de ladrillo están recubiertas al exterior por planchas de plomo y en su interior estuvieron primitivamente estucadas, excepto las correspondientes al altar mayor y al coro que fueron pintadas por Lucas Cambiasso, Luchetto. En época de Carlos II se quitaron los estucos y fueron igualmente pintadas al fresco por Lucas Jordán: los asuntos representados en estas bóvedas partiendo del altar de la Anunciación (lado del Evangelio), son los siguientes: 1.º *El Misterio de la Encarnación;* 2.º *Los israelitas cruzando el Desierto y el Mar Rojo;* 3.º *Triunfo de la Iglesia militante;* 4.º *Resurrección de la carne;* 5.º *Pureza de la Virgen;* 6.º *Victoria de los israelitas sobre los amalecitas;* 7.º *El Juicio de San Jerónimo* y el 8.º y último, la *Muerte, entierro y Asunción de la Virgen;* en las cuatro pechinas, *San Ambrosio, San Agustín y San Gregorio,* doctores de la Iglesia; y los emblemas de *San Jerónimo,* el león guardando su manto y capelo.

Finalmente el pavimento del templo es de mármoles blancos de la Sierra de los Filabres (Granada) y gris de Estremoz (Alemtejo, Portugal).

Antes de pasar a la descripción de la Capilla mayor con el gran retablo y los Entierros reales, parte la más importante del templo por sus riquezas, conviene recordar el interés de las pinturas que corresponden a los demás altares de la Basílica: 43 en total, que se hallan situados en el hueco de los nichos de que ya se hizo mención que presentan los pilares, así como los muros y las capillas. Estas pinturas al óleo se muestran con sencillos marcos dorados rectangulares y frontones circulares, realizados en escayola por José Marzal en 1829.

La ordenación de las pinturas en los altares presenta por parejas los Santos y Santas de las Letanías mayores, los cuales llevan sus atributos: se advierte que se sigue un plan que debe proceder del arquitecto Juan de Herrera y en último término, del propio Rey. Pertenecen estos lienzos al grupo de pintores españoles, entre los que destacan Juan Fernández de Navarrete, el Mudo (c. 1526-1579), que compuso un notable Apostolado en seis lienzos, de una impresionante expresividad hispana; Alonso Sánchez Coello (1531-32-1588) y Luis de Carvajal, y en segunda línea Diego de Urbina y los hermanos Martín y Juan Gómez, este último el más conocido. El conjunto de pintores italianos que intervino posterior y sucesivamente lo formaron Rómulo Cincinato, Lucas Cambiasso, Luchetto; Federico Zuccaro y Peregrín de Peregrini o Tibaldi, que realizaron composiciones desarrollando un tema de la vida de un Santo.

Las mesas de altar son de granito y mármol gris. En 1963 se ha llevado a cabo una instalación eléctrica importante y

muy adecuada, tanto en estos altares como en toda la iglesia (Capilla mayor, bóvedas, coro), por lo que las pinturas
pueden ser admiradas en toda su belleza.

Comenzando desde el púlpito correspondiente al lado del
Evangelio se suceden los altares y sus pinturas e imágenes
en el siguiente orden:

1. *San Pedro y San Pablo,* por Juan Fernández de Navarrete, el Mudo.

2. Enfrente: *San Felipe y Santiago,* por el mismo, terminado por Diego de Urbina.

3. Altar de las reliquias: *La Anunciación,* por Federico
   Zuccaro, retocado por Juan Gómez **(Págs. 116 y 117)**.

4. Capilla: *Santa Ana,* por Lucas Cambiasso, Luchetto.

5. Capilla: *Predicación de San Juan Bautista en el desierto,* por Luchetto. (En el tránsito de esta Capilla
   está enterrada, en depósito, la reina D.ª M.ª de las
   Mercedes, primera esposa de Alfonso XII).

6. *San Juan Evangelista y San Mateo,* por Navarrete,
   el Mudo.

7. Enfrente: *San Marcos y San Lucas,* por el mismo.

8. Capilla: *San Ildefonso y San Eugenio,* arzobispos de
   Toledo, por Luis de Carvajal.

9. Capilla: *San Miguel luchando con los ángeles malos,*
   por Peregrín Tibaldi.

10. *San Isidoro y San Leandro,* hermanos, arzobispos de
    Sevilla, por Carvajal.

11. *Santos Fabián y Sebastián,* por Diego de Urbina.

12. Enfrente: *Los santos niños Justo y Pastor,* por Alonso
    Sánchez Coello.

13. Capilla: *Martirio de San Mauricio y la legión tebana,*
    por Rómulo Cincinato, para donde pintó el Greco su

cuadro de este asunto que no se colocó en esta Capilla, ya que a Felipe II parece no le agradó la interpretación excesivamente personal del artista. Hoy se exhibe en el Salón de Honor del nuevo Museo de Pinturas y siempre ocupó lugar destacado entre los mejores cuadros de la Colección del Escorial.

14. Capilla: *San Ambrosio y San Gregorio, Papa,* por Diego de Urbina.

15. *Santa Teresa de Jesús,* por Domingo Fierros, 1879, que sustituyó a la pintura original para este lugar que era *San Gregorio Nacianceno y San Juan Crisóstomo,* por Luis de Carvajal, hoy en otro lugar del Monasterio.

16. Capilla: *San Basilio y San Atanasio,* por Alonso Sánchez Coello.

17. Enfrente: *San Buenaventura y Santo Tomás de Aquino,* por Carvajal.

18. Capilla: *San Jerónimo y San Agustín,* por Sánchez Coello.

19. Capilla: Altar con imagen tallada de *Nuestra Sra. de la Consolación,* Patrona de la Orden de San Agustín. Primitivamente estuvo en esta Capilla la pintura que se describe a continuación.

20. *San Pablo ermitaño y San Antonio Abad,* por Sánchez Coello.

21. Enfrente: *San Lorenzo y San Esteban,* mártires, por el mismo.

22. Debajo del Coro: *San Sixto, Papa y San Blas,* obispo, por Carvajal.

23. Debajo del Coro: *Santos Cosme y Damián,* por el mismo; dibujo de Navarrete, el Mudo.

24. *Santas Marta y María Magdalena,* por Diego de Urbina.

25. Enfrente: *Santos Vicente y Jorge,* por Sánchez Coello.

26.   Capilla: Altar e imagen de talla de *Nuestra Sra. del Patrocinio.*

27.   Capilla: *Santas Leocadia y Engracia,* mártires, por Carvajal.

28.   *Santas Clara y Escolástica,* por Diego de Urbina.

29.   *Santa Agueda y Santa Lucía,* por el mismo.

30.   *Santas Cecilia y Bárbara,* mártires, por Carvajal.

31.   Capilla: *Santas Paula y Mónica,* viudas, por Diego de Urbina.

32.   Capilla: *Santas Catalina e Inés,* mártires, por Sánchez Coello.

33.   Capilla: Altar del *Cristo de la Buena Muerte:* Crucifijo de talla, tamaño natural.

34.   *Santos Martín y Nicolás,* obispos, por Carvajal.

35.   Enfrente: *San Antonio de Padua y San Pedro de Verona,* mártir, por el mismo.

36.   Capilla: *Santos Domingo y Francisco de Asís,* por el mismo.

37.   Capilla: en ella se hallaba el *Martirio de Santa Ursula y sus compañeras las once mil Vírgenes,* por Peregrín Tibaldi, con participación de Juan Gómez. Ahora se ha instalado en ella la hermosísima escultura de mármol blanco, el llamado *Cristo de Cellini.* La cruz es de mármol negro de Carrara, incrustada en otra de madera para asegurarla mejor; bajo los pies de Cristo se lee una inscripción latina que traducida dice: *Benvenuto Cellini, ciudadano florentino, lo hacía el año 1562.* El tamaño del cuerpo del Salvador es el mismo que se supone tenía, según la medida de la Sábana Santa que se conserva en Turín. La escultura es un portento de arte, particularmente la cabeza, y acrece su valor el de ser el único Cristo conocido de Benvenuto. (1)

38. *San Benito y San Bernardo,* abades, por A. Sánchez Coello.

39. *Santos Bartolomé y Tomás,* apóstoles, por J. Fernández Navarrete, el Mudo.

40. Enfrente: *Santos Bernabé y Matías,* apóstoles, por el mismo.

41. Altar de las reliquias: *San Jerónimo en el desierto,* por Federico Zuccaro.

42. *Santiago y San Andrés,* apóstoles, por el Mudo.

43. Enfrente: *San Simón y San Judas,* apóstoles, por el mismo.

Capilla mayor y retablo. Púlpitos y lámparas.

La Capilla mayor es una continuación de la nave central del templo **(Págs. 38 y 39)** ; mide unos 20 m. de largo por 15 de ancho, está separada de la nave por gran arco sobre pilastrones, y a nivel del piso, por 12 gradas de mármol sanguíneo de Espeja (Soria). Al terminar la escalinata se halla el Presbiterio cuyo pavimento, de mármoles y jaspes blancos, verdes y encarnados, combinados entre sí en variadas figuras, forman hermosas decoraciones; a los lados de esta plataforma están los Oratorios y Entierros reales; otras cinco gradas llevan a una segunda plataforma adornada con pasamanos de

---

(1) Otra gran escultura en bronce dorado de *Cristo en la Cruz* posee el Monasterio, obra de Lorenzo Bernini (1598-1680); fue encargado por Felipe IV para el Panteón de Reyes; trasladado luego a la Capilla del Colegio, hoy se halla en la misma Capilla (rehecha el siglo pasado), pero no en el primitivo lugar, sino en el muro de los pies, sin retablo ni altar, lugar secundario fuera de la visita del Monasterio. (M.E. Gómez-Moreno).

bronce dorado, en la que, levantado sobre otras dos gradas, se sitúa el altar mayor (3,50 m. de ancho, por 1,40 de fondo), también de mármoles y jaspes combinados muy bellamente y exento por completo para su mejor servicio; el ara es de una sola pieza de fino jaspe y cubre todo el altar; a los lados de éste, contra el muro, hay dos bancos con respaldar construidos de maderas finas.

Todo el fondo de la Capilla presenta un gran zócalo de casi tres metros de altura, con friso y cornisa, construido con mármol sanguíneo y compartimentos de jaspe verde de Sierra Nevada; a derecha e izquierda del altar y en este zócalo, ábrense dos bellísimas puertas con jambas y dinteles también de jaspe verde; interiormente son de caoba y en la parte que mira al templo, están recubiertas de mosaicos de jaspes de colores váriados, con marcos y molduras de bronce dorado a fuego; estas dos puertas son las del Sagrario, otras dos dan acceso al Palacio la una, y la otra, a las habitaciones de Felipe II. El *Sagrario* está constituido por un arco de 1,40 m. de fondo abierto en el muro detrás del centro del primer cuerpo del retablo al que conducen desde las puertas dos escaleras de mármol de 11 peldaños y dos rellanos: el superior da al Tabernáculo, las paredes van revestidas de mármol rojo con embutidos blancos hasta el segundo rellano y en el resto, hasta la vuelta del arco que simula un arco iris, están representadas cuatro historias del Antiguo Testamento alusivas al Misterio de la Eucaristía: *Abraham ofreciendo a Melquisedec las décimas de la Victoria; los israelitas cogiendo el maná; la Cena legal y Elías recibiendo de manos del ángel "el pan cocido bajo las cenizas",* pintadas al fresco por Peregrín Tibaldi. Sobre este gran zócalo de la capilla se apoya el Retablo Mayor **(Págs. 38-39 y 40)** sobre traza clásica, muy bella, de Juan de Herrera, obra de las más considerables en valor

Fachada de Oriente
Façade Est
East façade

Ostfassade
Facciata d´oriente
Fachada do oriente

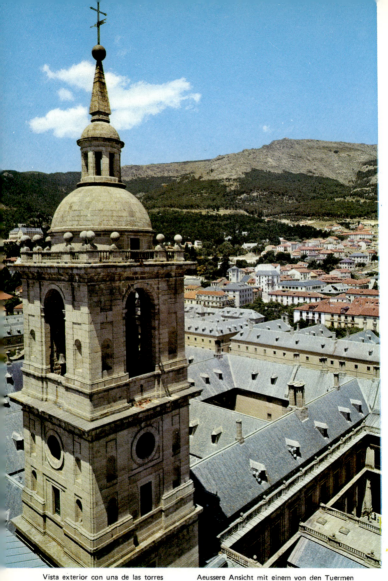

Vista exterior con una de las torres
Vue extérieure avec l'une des tours
Outside view with one of the towers

Aeussere Ansicht mit einem von den Tuermen
Vista esterna con una delle torri
Vista exterior com uma das torres

Patio de los Evangelistas
Cour des Evangélistes
Court of the Evangelists

Hof der Evangelisten
Cortile degli Evangelisti
Pátio dos Evangelistas

Vista nocturna iluminada de la fachada meridional del Monasterio
Façade sud du Monastère; la nuit, avec illumination
Night view of the illuminated southern façade of the Monastery

Nachtsanblick auf dei Suedfassade des klosters in Licht
Vista notturna illuminata della facciata meridionale del Monastero
Vista noturna iluminada da fachada meridional do Mosteiro

Nave central. Bóveda pintada por Lucas Cambiasso
Nef centrale. Voûte peinte par Lucas Cambiasso
Central nave. Arched roof painted by Lucas Cambiasso

Mittelschiff. Gewoelbe bemahll von Lucas Cambiasso
Navata centrale. Volta dipinta da Lucas Cambiasso
Nave central. Abóbeda pintada por Lucas Cambiasso

Nave central con el altar mayor
La nef avec le maître-autel
Central nave with High Altar

Mittelschiff mit dem Hochaltar
Navata centrale con l'Altare Maggiore
Nave central com o Altar Maior

Grupo orante de Felipe II. Tabernáculo
Groupe orant de Philippe II. Tabernacle
Group at prayer formed by Philip II. Tabernacle

Betende Gruppe mit Filip II. Tabernakel
Gruppo orante di Filippo II. Tabernacolo
Grupo orante de Felipe II. Tabernáculo

artístico y riqueza entre las que contiene el Monasterio. Sus
dimensiones son desusadas, pero armoniosas, (14 m. de ancho por 26 de altura), por la admirable distribución de la
enorme superficie en cuatro cuerpos o zonas horizontales,
divididas por columnas empleadas al modo romano, es decir,
superponiendo los órdenes de cada una: dóricas, en la primera zona o inferior; jónicas, en la segunda; corintias, en la
tercera y compuestas en la cuarta, con sus entablamentos
respectivos. Está constituido con mármoles rojos y jaspes
verdes en lo arquitectónico, empleándose finas variedades de
estos últimos y otros de brillantes colores para subrayar detalles decorativos. Todas las basas, capiteles y adornos del
altar son de bronce dorado a fuego.

Se contrató la obra en 1579, encargándose a los Leoni,
escultores broncistas de Milán, todas las estatuas que figuran en el retablo, quince en total; y la obra de mármoles a
Juan Bautista Comane, a quien al fallecer, sucedió su hermano Pedro Castello que terminó y pulió las columnas de
jaspe, finalizando su excelente trabajo en 1594 siendo ya
escultor del Rey **(Pág. 56)**.

El primer cuerpo o zona inferior del retablo es dórico,
como se ha indicado, y apoya sobre un basamento con seis
columnas de mármol rojo de 70 cm. de diámetro y cinco metros de altura, con su arquitrabe correspondiente, que
originan cinco compartimentos: el central lo ocupa el Tabernáculo y a los lados, dos pinturas al óleo de Peregrín Tibaldi,
la *Adoración de los Pastores* y la *Adoración de los Reyes,* los
compartimentos exteriores presentan dos nichos superpuestos,
en jaspe verde, con estatuas de tamaño natural y en bronce
dorado a fuego (obras de León y Pompeyo Leoni, como las
restantes del retablo), que representan los cuatro Doctores de
la Iglesia, San Jerónimo, San Agustín, San Ambrosio y San
Gregorio "trabajados con delicadeza y primor admirables".

La segunda zona o cuerpo, jónico, es igual en su disposición al anterior: las pinturas, que son tres ahora, ocupan los espacios centrales y representan *El martirio de San Lorenzo* (centro) por Tibaldi y a los lados *La flagelación del Señor* y *Jesucristo con la cruz a cuestas,* por Federico Zuccaro; en los extremos y en sus correspondientes nichos superpuestos, las estatuas algo mayores que el natural, de los *Cuatro Evangelistas.*

La tercera zona o cuerpo, corintio, presenta sólo cuatro columnas y en los tres espacios entre ellas están colocados otros tantos cuadros al óleo de Zuccaro: *La Asunción de la Virgen* y lateralmente la *Resurrección del Señor* y la *Venida del Espíritu Santo;* en los extremos, dos estatuas, también de mayor tamaño que el natural, de los Apóstoles *San Andrés* y *Santiago.*

El último cuerpo, compuesto, tiene sólo dos columnas, entre las cuales se forma una capilla con un hermosísimo *Calvario, Cristo muerto en la Cruz entre la Virgen y San Juan,* obra de conmovedor realismo patético; en los extremos, las estatuas de *San Pedro* y *San Pablo,* mayores del natural, como todo el conjunto escultórico de este cuerpo, que se remata con un frontispicio triangular del mismo mármol rojo de todo el retablo y toca en la clave de la bóveda; al pie de la estatua de *San Pablo* se lee la firma de *Pompeius Leoni (fecit)* 1588 **(Pág. 49).**

El conjunto escultórico del retablo con los grupos reales de los Enterramientos constituyen las obras maestras de estos escultores broncistas milaneses, Pompeyo Leoni y su padre León Leoni, que alcanzaron la celebridad sobre todo por los numerosos encargos para El Escorial.

En cambio, el conjunto de las pinturas no puede calificarse del mismo modo: solamente son obras estimables y bellas.

El *Tabernáculo* constituye también una joya única en el conjunto del Retablo mayor y la obra más perfecta y rica que se ha hecho en su género. Está colocado bajo el arco que se forma en el intercolumnio central del primer cuerpo del altar; el alto total es de 4,50 m. y su diámetro de 2 metros. La invención y traza fue de Juan de Herrera y lo construyó Jácome Trezzo, artífice al servicio de Felipe II desde largos años, "que inventó muchas y muy útiles herramientas y máquinas para poderle labrar con el primor que se ve, y con todo tardó 7 años en hacerla". Se le había encargado en 1579.

Su forma es de templete circular, de orden corintio, en mármoles finos, jaspes y bronce dorado para todos los detalles decorativos; un zócalo de jaspe sostiene ocho columnas, equidistantes entre sí, también de jaspe rojo veteado de blanco, de Aracena (Huelva), muy bello, pero tan duro, que hubo de tornearlas el artista a fuerza de diamantes; estas columnas sostienen otras tantas estatuitas de Apóstoles, de bronce dorado, de 28 cm. de altura, que con otras cuatro colocadas en los nichos de los intercolumnios, completan el Apostolado; del podio sobre que asientan los pedestales, arranca la cúpula, coronada por una linterna con su cupulita y rematada por la figura del Salvador, del mismo material y tamaño que las demás estatuitas. Interiormente un cuerpo o caja cilíndrica se ajusta a las columnas formando como el muro del templete con molduras, nichos y puertas, éstas con guarniciones y frontones en bronce; a los cuatro puntos cardinales corresponden cuatro puertas, y en los restantes cuatro intercolumnios se forman cuatro nichos cerrados donde van colocadas cuatro estatuitas de Apóstoles **(Pág. 40).**

Desarmado el Tabernáculo en la invasión francesa, lo restauró Manuel de Urquiza por orden de Fernando VII,

en 1827, según expresa una inscripción latina en la puertecita
de la derecha o Levante. La magnífica custodia interior de
oro puro y piedras preciosas con "un topacio del tamaño de un
puño" colgante de la bóveda del Tabernáculo, desaparecieron
en la invasión de los ejércitos napoleónicos. En el zócalo inferior del Tabernáculo hay una inscripción latina, redactada
por el humanista Benito Arias Montano, tan afecto al Rey,
que traducida dice "A Jesucristo, sacerdote y víctima, Felipe II, rey, dedicó esta obra, toda de mármoles españoles,
ejecutada por Jacobo de Trezzo, milanés".

Oratorios y Entierros reales.

Complementan de modo solemne y admirable la grandiosidad del Altar Mayor y del Tabernáculo, los llamados *Oratorios y Entierros reales.*

En uno y otro lado del primer rellano de la Capilla se eleva
un gran arco, ancho de 8 m., en cuyo hueco están los entierros y oratorios reales, formando un cuerpo de arquitectura
dórica, dividido en dos partes: un gran zócalo de 3 m. de alto
que cierra totalmente el arco (8 m.), en el cual se abren tres
puertas con sus marcos de mármol verde de Sierra Nevada,
tableros de jaspe y guarniciones de bronce dorado a fuego.
Las primeras junto a las gradas, dan paso a la Sacristía y relicarios; las otras dos, a los oratorios, que son en cada lado
dos capillitas de ricos mármoles, bella y variadamente combinados, donde las personas reales oían misa: la del lado de la
Epístola corresponde a la alcoba donde murió Felipe II
(Pág. 40).

Estos oratorios forman el pedestal o zócalo para los Entierros que ocupan el segundo cuerpo a manera de capilla

o tribuna profunda de 3 m. y alta de más de 4, que ocupa todo el ancho del arco. A las columnas y pilastras dóricas exteriores, corresponden otras pilastras interiores y el muro entre ellas y el de los costados, va recubierto de mármol negro de Miranda de Ebro, adornado con inscripciones latinas en letras de bronce dorado alusivas a las personas reales representadas en cada uno de los grupos que ocupan los intercolumnios centrales en una y otra capilla, compuestos por cinco estatuas orantes de bronce, cobre y latón, doradas a fuego, mayores que el natural **(Págs. 49 y 54)**.

En el lado del Evangelio corresponde el del Emperador y su familia **(Págs. 50 y 51)** primera y principal figura es la de Carlos V, armado y con manto imperial, en el que destaca el águila bicéfala que es de mármol negro de Mérida. El Emperador tiene descubierta la cabeza, las manos juntas en actitud de orar, como todos los personajes de ambos grupos, y está arrodillado en un almohadón delante de un reclinatorio cubierto con rico paño de brocado, todo ello en bronce dorado a fuego. A su derecha está la Emperatriz Isabel, su esposa, madre de Felipe II; detrás su hija María, que casó con Maximiliano II de Austria, ambas igualmente con manto y águila imperial, y después las hermanas del Emperador: María, Reina de Hungría y Leonor, Reina de Francia, todas de rodillas. Remata este cuerpo un arquitrabe también dórico y sobre él lleva otro jónico con dos columnas que encajan el gran escudo imperial con el águila bicéfala y el collar del Toisón, todo de mármoles de colores combinados para representar con exactitud los colores heráldicos; los demás detalles son de bronce dorado, así como los capiteles, basas y otros accesorios de todo el conjunto; se remata con arquitrabe y frontón.

El entierro del lado de la Epístola es absolutamente lo mismo: en el intercolumnio central otras cinco estatuas de bronce de tamaño natural, todas descubiertas las cabezas, de rodillas y en actitud de orar **(Págs. 54 y 55).** La primera es la de Felipe II, con manto que lleva incrustadas las armas reales, ejecutadas en mosaicos de mármoles de colores de primoroso trabajo; ante él, reclinatorio recubierto de gran paño de brocado; a su derecha, la Reina Ana, su cuarta esposa, madre de Felipe III; detrás, Isabel de Valois, que fue la tercera; a su lado, María de Portugal, su primera esposa, madre del príncipe Don Carlos, que está representado detrás de ella. Remata esta capilla como la de enfrente, pero el escudo de armas es el de Felipe II más esmeradamente ejecutado. Las inscripciones sobre los paramentos son también semejantes a sus gemelas, pero el nombre es ahora el de Felipe II. Estos grupos estatuarios constituyen sin duda la obra maestra de Pompeyo Leoni: lo apropiado de las actitudes, la nobleza y gallardía de todas ellas, el absoluto naturalismo, la elegancia del conjunto, la riqueza en los detalles de indumentaria y ornamentación suntuaria, la composición total con el acierto constante de la distribución de las figuras, constituyen uno de los recuerdos más fuertemente perdurables en el ánimo de los visitantes del Monasterio.

Finalmente, la bóveda de toda la Capilla mayor está pintada al fresco por Luchetto, que representó en ella *La Coronación de la Virgen* y a los *Cuatro Profetas mayores* a los lados de las ventanas.

Piezas complementarias de interés son los Púlpitos, las Lámparas y los Relicarios; los *púlpitos* son dos y se hallan situados en la primera grada para subir al altar mayor; su arte es completamente distinto de la época de la fundación, ya que son aprovechamiento de tableros de mármol de otros que había en el monasterio de Párraces (Segovia), obra realizada por Manuel de Urquiza, broncista del Rey, por encargo de Fernando VII hacia 1827. Son de mármoles, con columnas, pasamanos y adornos de bronce dorado; el de la derecha (Epístola), tiene unos medallones con los cuatro Doctores de la Iglesia y las armas del Monasterio; el de la izquierda (Evangelio), los cuatro Evangelistas y el escudo Real; los tornavoces, dorados a fuego, están sostenidos por cuatro columnitas y se rematan con cúpulas y en su cima las estatuas de la Fe y la Religión.

En la iglesia se guardan dos hermosos *candelabros* de bronce dorado y de gran tamaño: el *Clavel,* hecho en Amberes en 1571 por Juan Simón; y el *Tenebrario,* del mismo estilo y factura. Antes de llegar a la capilla mayor cuelga la lámpara de estilo Imperio en bronce dorado, que sirve para alumbrar el Sacramento, hecha hacia 1833 por los plateros madrileños Nicolás Cervantes y Manuel García.

Los *Relicarios* o altares de las reliquias son también dos y ocupan los testeros orientales de las naves menores; tienen puertas de dos hojas que sirven de retablos para los altares de la *Anunciación* y de *San Jerónimo.* En siete estantes están colocados los relicarios de diversas clases y formas: templetes, fanales, cajas, arquetas, brazos y cabezas, la mayor parte en bronce dorado labrados en Sevilla en la época de Felipe III. La riqueza material era muy elevada, pero la invasión napoleónica la hizo desaparecer; su riqueza en reliquias es aún muy grande.

Sobre los relicarios anteriores se hallan otros dos en unas capillas formadas a 8 m. de altura, son como retablos de madera, con varios Santos y Santas pintados en el exterior e interior de las puertas, obras de Martín Gómez los que se hallan encima del relicario de San Jerónimo y por Bartolomé Carducho los que corresponden al de la Ascensión.

La Escalera llamada del *Patrocinio* sirve para subir al Coro desde la iglesia y comienza junto a la puerta de los Panteones; al final de ella, dos corredores o tránsitos alrededor del templo, siguen, el uno, la nave lateral del mediodía; el otro, igual, corresponde por la parte de Palacio o norte; en ellos se muestran algunos cuadros de Miguel Coxcie, *Jesucristo y la Virgen intercediendo por el mundo ante el Padre Eterno;* de Fr. Nicolás Borrás, *San Jerónimo en oración,* y de Navarrete el Mudo, *La Vocación del Apostolado de San Pedro y San Andrés.*

Antecoros.

Son dos espaciosas salas de 6,50 x 17 metros que se extienden de norte a sur a los lados del coro; los pavimentos están solados con mármoles blanco y gris; las bóvedas divididas por cuatro lunetos y en ellos, pintadas al fresco por Lucas Jordán, cuatro historias de David: *el Profeta Natán le reprende por su adulterio y homicidio; el profeta Gaad le da a elegir de parte del Señor el hambre, la guerra y la peste* (enfrente); *David ofrece sacrificios al Señor, que le perdona; David entona alabanzas al Señor al son de su arpa;* este antecoro de Poniente tiene dos puertas grandes que dan al claustro principal alto y entre ellas se forma una pequeña capilla de mármol gris con mosaicos de jaspe, con una pila de agua bendita; sobre ésta, en la parte alta, un nicho con estatua italiana de mármol blanco que representa a *San Lorenzo.*

El Antecoro de la parte del Colegio es semejante al anterior, pero en el testero del norte se abre solo una puerta pequeña que da a una fuente con su fachadita labrada en mármol gris. La bóveda, también pintada por Jordán repre-

Remate del altar mayor. Calvario
Partie supérieure du maître-autel. Calvaire
Top of the High Altar. Calvary

Gipfel des Hochaltars. Kalvarienberg
Termine dell'Altare Maggiore. Calvario
Remate do altar maior. Calvário

D. O. M.

CAROLO V. ROM. IMPERAT. AVGVST
HOR. REGN... TR. SICIL. ET HIER... R...
ARCHID. AVSTRIÆ OPTIM. PARENT...
PHILIPPVS F. HVIVS. P.

IACENT SIMVL ELISABETHA VX...
ET MARIA FILIA IMPERATRIC...
ELEONORA ET MARIA SOROR...
ILLA FRANC. HÆC HVNGAR. REG...

HVNC LOCVM SI QVIS POSTERIOR... CAR...
V. AVTAM GLORIÆ RER. GESTAR... SPLEN...
DORE SVPERAVERIS IP. SE SOLVS
OCCVPATO CÆTERI REVERENTER
ABSTINETE

...IDA POSTERITATI...
...RVM NEPOTVMQ...
...SVM RELICTVS LOC...
...IAM ANNORVM SER...
...VM NATVRÆ PERSC...
OCCVPANDVS...

Cenotafio del Emperador Carlos V
Cénotaphe de l'Empereur Charles V
Cenotaph of the Emperor Charles V

Das Grabdenkmal Kaiser Karls V
Cenotáfio dell'Imperatore Carlo V
Cenotáfio do Imperador Carlos V

Coro alto, con los órganos y el facistol; al fondo el retablo mayor
Le chœur supérieur, avec les orgues et le lutrin; au fond le grand rétable
High Choir with organs and lectern; in the background the Main Retable

Obere Chor, mit den Orgeln und Chorpult; im Grunde Hauptaltarblatt
Coro alto, con gli organi e il leggio; al fondo la pala maggiore
Côro alto, com os orgaos e o facistol; ao fondo o retábulo maior

HIC LOCVS DIGNIORI INTER
POSTEROS ILLO QVI VLTRO AB
EO ABSTINVIT VIRVTIS ERGO
ASSERVATVR ALTER IMMVNIS
ESTO

D   O   M
PHILIPPVS II OMNIVM HISPAN.
REGNOR VTR. SICIL. ET HIERVS.
REX CATHOL. ARCHIDVX AVSTR.
HANC SACRA AEDE QAM A FVND.
EXTRVXIT SIBI VIVENS P.

QVIESCVNT SIMVL ANNA
ELISABETHA ET MARIA VXORES
CVM CAROLO PRINC. FIL. PRIMOG.

LIBERORVM STV
POST DIVTINA SPA
DESIGNATVS LO
QVVM NATVRAE C
NT. MONVMEN
ECORANDVS

Cenotafio de Felipe II
Cénotaphe de Philippe II
Cenotaph of Philip II

Das Grabdenkmal Philipps II
Cenotafio del Re Filippo II
Cenotáfio de Filipe II

Altar Mayor   Der Hochaltar
Maître-autel   Altare Maggiore
High Altar   Altar maior

senta cuatro historias de Salomón: *El sacerdote Sadoc y el Profeta Natán le ungen Rey de Israel; Tiene el sueño en que el Señor le infunde la sabiduría; El juicio de Salomón; La Reina de Saba admira la sabiduría con que Salomón le explica los enigmas que le propone;* parte de las paredes de uno y otro están ocupadas por una estantería y los libros de Coro.

El Coro.

Se ingresa en él por dos grandes arcos en que terminan los antecoros y está situado sobre la entrada de la iglesia a 8 m. de altura **(Págs. 52 y 53);** un balconaje de bronce lo cierra por la parte del templo; el pavimento es como el de los antecoros, en mármol blanco y gris. La anchura del Coro es de 14 m. y el largo de 27, con 23 de altura hasta la clave de la bóveda; se ilumina por varias ventanas que dan al Patio de los Reyes. En los lados y el testero se halla la *Sillería,* que comprende dos órdenes de asientos, altos y bajos, separados éstos de aquéllos por un andén de 2 m.; su arquitectura es de orden corintio. Fue diseñada por Juan de Herrera y ejecutada por el ebanista italiano Giuseppe Flecha y bajo su dirección por los maestros españoles Gamboa, Quesada, Serrano y Aguirre, en maderas finas, bellamente embutidas (ácana, caoba, ébano, terebinto, cedro, boj y nogal). Las sillas altas son iguales a las bajas, excepto en su largo respaldo, del que arrancan columnas, que sostienen una cornisa con sus adornos, formando un dosel, que remata la sillería a los 4 m. de altura y realza elegantemente toda la obra, cuya talla es primorosísima. En el centro del testero (Poniente) se halla la silla prioral resaltada con bellísima arquitectura del mismo

orden corintio, con 16 columnas (8 que se elevan sobre la
silla prioral y otras 4 sobre cada una de sus laterales), con su
tímpano y su bóveda; encima de este cuerpo, se levanta otro
menor o capillita con cuatro columnas de estilo compuesto y
en el intercolumnio un lienzo que representa al *Salvador*, de
media figura (escuela italiana del siglo XVI), terminando todo
ello en un frontispicio, en el que se halla sobre un pedestal una
pequeña estatua de San Lorenzo con la parrilla y un libro.
El número de sillas en ambos coros es de 124 y la última del
ángulo derecho del testero con la banda del sur es la que
siempre ocupó Felipe II cuando asistía a los oficios divinos en
este Coro; es un poco más ancha que las demás y tiene a su
lado una puertecita por donde el Rey entraba y salía y recibía
los recados sin molestias ni distracciones para la Comunidad.

Organos y pinturas.

En medio de las paredes laterales del coro, dos grandes
órganos, uno frente a otro, están colocados sobre la sillería
alta, la que soporta dos balcones corridos con barandal de
bronce dorado, donde se colocaban los cantores; las cajas
de los órganos, de orden corintio, son de madera de pino de
Cuenca muy bien dorada y tienen de ancho 5,60 m. y una
altura proporcionada llegando hasta la cornisa que da vuelta
a todo el templo. Estos dos, más otros mayores colocados a
ambos lados del crucero en la iglesia, fueron los cuatro
órganos grandes que tuvo la Basílica escurialense, a los que
se añadieron otros cuatro pequeños y portátiles. Felipe II encargó su construcción al más famoso organero de Europa,
maese Gil Brevost, quien falleció durante la obra y al que su-
cedieron en ella sus hijos, que alcanzaron la misma fama y

habilidad que su padre. Los órganos pequeños han desapareci-
do; los dos del crucero sólo conservaban sus hermosas cajas
y han sido restaurados perfectamente en 1963; los del coro
fueron construidos de nuevo en 1930 y también perfecciona-
dos en 1963, entre las muchas restauraciones llevadas a cabo
como consecuencia del IV Centenario de la fundación del
Monasterio; la consola para tocarlos se halla en medio del
coro.

Las pinturas al fresco; a los lados de los dos órganos del
Coro, cuatro grandes cuadros (dos a dos) dibujados por
Luchetto y terminados por Rómulo Cincinato, que tienen sus
marcos figurados, representan dos episodios de la Vida de San
Lorenzo: *El Santo sale al encuentro del Pontífice San Sixto
cuando éste es conducido al martirio* y *El Santo presenta al
Prefecto de Roma, como verdaderos tesoros de la Iglesia cristiana, una multitud de pobres, en lugar del tesoro material que
le pedía* (lado del mediodía); y enfrente (lado norte), otros dos
episodios de la vida de San Jerónimo: *El Santo escribe sus
Comentarios a la Biblia* y *un ángel toca a su oído una trom-
peta,* alusión a lo muy presente que San Jerónimo tenía el
Juicio Final; en lontananza, se le vé haciendo penitencia;
San Jerónimo explica la Regla a sus monjes; y a lo lejos se
ve su entierro.

Entre las ventanas del testero por bajo de la cornisa, se
representan en gran tamaño las figuras de *San Lorenzo* y
San Jerónimo; en el medio punto del testero, encima de la
cornisa, la *Anunciación,* quedando la Virgen a un lado y el
Angel a otro de la gran ventana; a cada lado de este testero
hay dos balcones y sobre ellos dos nichos con fondo, en que
se representan en figuras de matronas la *Fe* y la *Iglesia*
(mediodía) y la *Prudencia* y la *Justicia* (norte). Sobre los dos
arcos por donde se entra al Coro, hay también unos nichos

rectangulares con fondos dorados en los que en pie y por parejas, se representan en tamaño mayor del natural, la *Caridad* y *Esperanza* en uno y la *Fortaleza* y *Templanza* en otro. Todo este conjunto de figuras (excepto los cuadros), son de Lucas Cambiasso, Luchetto.

De mano del mismo artista es la pintura de la *bóveda* en la que representó *La Gloria* llenando todo el espacio: hacia el testero, la Santísima Trinidad sobre un trono de luz rodeado de querubines y espíritus celestiales, a la derecha de Jesucristo está su Madre Santísima y después el coro de los Apóstoles entre los que destaca San Juan; por todo lo demás, están distribuidos en zonas o fajas los coros de ángeles y Santos de todos estados y condiciones que se reconocen por sus hábitos, insignias o instrumentos de su martirio; a la entrada de la *Gloria,* en el lado norte sobre la cornisa de la izquierda puso Luchetto el retrato de *Fr. Antonio de Villascastín,* lego del Monasterio de San Lorenzo y aparejador de su construcción; y, además, el suyo. La monotonía de la composición situando a los personajes en series paralelas, sentados como en un anfiteatro, resulta poco afortunada.

Araña y facistol.

De una enorme barra de hierro de 20 m. y peso de 30 arrobas ó 345 kg., pende del centro de la bóveda una magnífica araña de cristal de roca formada por cuatro pavos reales que unen en el centro sus colas extendidas terminando por la parte superior en un águila sobre un medio globo; jarroncitos de flores, colgantes y otros adornos forman las arandelas para 27 luces. Fue hecha en Milán, adquirida por el Marqués de Astorga para regalarla al rey Carlos II, el cual a su vez la donó al Monasterio en 1676. Está muy mutilada ya que en la invasión francesa los napoleónicos le quitaron diversos adornos y colgantes.

Pieza notable también es el enorme facistol; está a la entrada del coro, delante de las sillas, en el eje central del salón: sobre un zócalo cuadrado de 21 cm. de altura hecho de jaspe sanguíneo con compartimentos de mármol blanco, se asientan cuatro pilastras de bronce dorado y en ellas apoyan varias gruesas barras de hierro que uniéndose al árbol o eje interior sirven para mover el grandioso facistol: su cuerpo adopta la forma de pirámide truncada que termina por una cornisa; sobre ésta hay cuatro bolas de bronce y tiene por remate un bello templete sobre pedestal de planta de cruz griega cuyos extremos y 12 columnitas estriadas (4 en cada lado) originan cuatro fachadas con sus frontones triangulares, entre los que se levanta la cupulita rematada por una cruz; el templete es de ricas maderas con adornos de bronce; en el interior hay una estatuita de la Virgen que se dice atribuible a Luisa Roldán.

Los tableros del facistol son de ácana antillana con fajas de bronce dorado, así como la pestaña para apoyar los libros cantorales. Su periferia mayor es de 11 m. a razón de 2,80 m. por banda y otros tantos hasta la cornisa; la altura total del enorme facistol es de 4,50 m.

Librería del Coro.

Está colocada en los dos antecoros y en una espaciosa sala de 22 m. por 7 m. de ancha, situada detrás del antecoro de la parte del convento. Arrimadas a la pared están las estanterías de ricas maderas como las del Coro, sólo que aquí se empleó mucha encina para que resistan el gran peso y continuo roce de las ruedas de los libros; es obra de Flecha con sus ayudantes españoles, que hicieron también la sillería del coro; su orden es el dórico.

En 8 de agosto de 1586 comenzaron a colocarse en ella los libros "que indudablemente son una grandeza que no tiene igual en el mundo". La colección consta de 216 cantorales que por su hermosa caligrafía y la belleza de sus pinturas, constituyen el último capítulo original de la miniatura española; el taller de El Escorial representa la más exacta y exhuberante manifestación del Ranacimiento en las artes del libro "incorporando la gran pintura de los más famosos maestros italianos (Leonardo, Rafael, Miguel Angel), a la ilustración del libro manuscrito". Todos estos libros corales están escritos con singular hermosura, primor y cuidado, sobre hermosas pieles de pergamino de macho cabrío y ternera de blanco uniforme; cada página de las de canto tiene cuatro renglones y diez las que no llevan música; la traza y forma es igual para todos los libros, que abiertos miden 1,67 m. de ancho por 1,12 de alto. La encuadernación es también uniforme, de fuertes tablas forradas de vaqueta en su color y tienen por defensa y adorno, cinco clavos o bollones y cantoneras labradas y broches, todo de bronce dorado, y dos ruedas sobre las que se mueve cada volumen. Fueron encuadernados por el flamenco Pedro del Bosque (Peter Bosch).

Los iluminadores fueron Fr. Andrés de León, lego del Monasterio: su discípulo Fr. Julián de la Fuente el Saz, lego también (el *Breviario* de 1568 y el *Capitulario* son fruto de la colaboración de ambos artistas) y Ambrosio Salazar (los tres *Pasionarios* y el *Oficio de Santiago* son de mano de Fr. Julián y el principio de la *Misa de San Simón y San Judas*,

es de Salazar). Los escritores o calígrafos fueron Cristóbal
Ramírez, natural de Valencia; Fr. Martín de Palencia, monje
benedictino de Valladolid; Francisco Hernández, vecino de
Segovia; Pedro Jaloverte, vecino de Burgos y desde 1781,
Pedro Gómez, vecino de Cuenca.

Cornisas y Cimborrio.

Debajo de los arcos que dan paso al Coro desde los
antecoros, una puerta en el de la parte del convento, conduce por un pasillo y escaleras hasta el órgano; desde allí, otro
pasillo se divide en dos ramales: el de la izquierda va a la
torre de las campanas, y el de la derecha, a lo que comúnmente se llaman las Cornisas, que es un corredor o tránsito
abierto en el macizo muro por el que se puede dar vuelta al
templo a nivel de la gran cornisa volada alrededor de
éste, desde donde se domina toda la extensión y magnifi-
cencia de la nave mayor, las excelentes pinturas de las bóvedas, las colosales proporciones del altar mayor y se com-
prueba que las estatuas de San Pedro y San Pablo, colocadas
en el último cuerpo, enormes moles de bronce, están trabajadas con una delicadeza y primor exquisitos; sin contar
los innumerables detalles arquitectónicos que engrandecen
la majestuosa construcción **(Págs. 39 y 52-53).**

Desde este tránsito, parten cuatro escaleras diferentes
que suben a la gran torre del cimborrio, cuya circunferencia
es de 82,70 m., en cuyo primer cuerpo o tambor, se abren
8 ventanas en arco de casi 10 m. de alto; debajo del arranque de la media naranaja, una cornisa exterior de gran vuelo,
con balaustrada, corre como un balcón circular (al que se
asciende por cuatro escaleras de caracol abiertas en el maci-

zo de los pilares) y desde el que se contempla la traza del
monasterio y todos los edificios que lo componen, los jardines y huertas que le rodean, las poblaciones del Sitio y
Villa del Escorial, las Casitas de recreo, los bosques, la Sierra
y la extensa llanura, en vastas y hermosas perspectivas.

A la linterna que corona el cimborrio y tiene ocho ventanas cuadradas de 5 m., suben otras cuatro escaleras exteriores; sobre el cupulín de la linterna se alza una aguja
de piedra rematada con una bola de bronce de 2 m. de diámetro y sobre ella una cruz de hierro de 2 m. de alto. Hacia
el medio de la aguja de piedra, una plancha dorada a fuego
indica el lugar donde Felipe II mandó poner varias reliquias de
San Pedro, Sta. Bárbara y otros santos; también las dos
agujas de las torres del Patio de los Reyes, tienen sendas
cajas de reliquias.

Los Panteones.

En el paso de la iglesia a la Sacristía se abre la Puerta
al Panteón de Reyes.

Fue idea de Felipe II construir una cripta bajo el altar
mayor para panteón real, pero no pudo ver comenzadas las
obras. Su hijo Felipe III, queriendo cumplir la voluntad
paterna y completar así la real fundación, las emprendió en
1617 bajo la dirección del arquitecto mayor Juan Gómez
de Mora; pero los planos se encomendaron al también arquitecto y noble romano Juan Bautista Crescenci, el cual
conservó la forma circular que tuvo el Panteón desde el
principio y sólo rebajó el pavimento 5 pies más (1,40 m.)
para mejor proporción y belleza arquitectónica. Para la eje-

Altar del Panteón de los Infantes
Autel du Panthéon des Infants
Altar in the Infante's Pantheon

Wandaltar in der Prinzengruft
Altare del Panteon degli Infanti
Altar do Panteão de Infantes

Araña en bronce dorado
Suspention en bronze doré
Chandelier of gilt bronze

Unter und Seitenansicht des Kronleuchters
Lampadario in bronzo dorato
Lustre em bronze dourado

Sepulcros de Infantas   Infantengräber
Tombeaux d´Infantes   Sepolcri delle Infanti
Sepulchres of Infantas   Sepulcros das Infantas

Panteón de Reyes
Panthéon des Rois
Pantheon of the King´s

Pantheon der Koenig
Panteon dei Re
Panteao dos Reis

Lavinia Fontana: Sagrada Familia con San Juanito
Lavinia Fontana: La Sainte Famille avec Saint Jean enfant
Lavinia Fontana: Holy Family with St. John

Lavinia Fontana: Die heilige Familie mit dem Johannesknabe
Lavinia Fontana: Sacra Famiglia con S. Giovanni Battista bar
Lavinia Fontana: Sagrada Familia com São Joãozinho

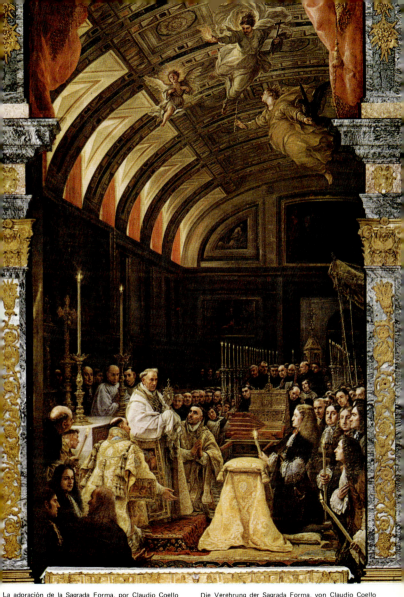

La adoración de la Sagrada Forma, por Claudio Coello
L´adoration de la Sainte Hostie, par Claudio Coello
Worshipping of the Host, by Claudio Coello

Die Verehrung der Sagrada Forma, von Claudio Coello
L´adorazione della Sacra Forma, di Claudio Coello
A Adoração da Sagrada Hóstia, por Claudio Coello

EN MAGNI OPERIS MIRACVLVM
INTRA MIRACVLVM MVNDI
COELI MIRACVLO CONSECRATVM

INRI

Altar del Santísimo Sacramento   Der Altar der Sakristei
Autel de Saint Sacrement   Altare del Santissimo Sacramento
Altar of the Holy Sacrament   Altar do Santíssimo Sacramento

cución material se nombró al maestro de obras vizcaíno Pedro de Lizargárate y con tanta actividad se trabajó, que en
poco más de dos años se encontraba ya recubierto de mármol hasta el arranque de la cúpula, hechas algunas urnas y
preparados y dorados gran parte de los bronces que habían
de decorarlo. Pero el año 1621 moría el Rey y la obra quedó
detenida unos 22 años; bien se comprenden los daños
acarreados por el abandono de la obra durante tanto tiempo,
agravados por el brote de un manantial en la propia cripta,
que desencajó y descompuso los mármoles y la convirtió en
una cisterna. Las dificultades fueron tantas, que todos acon-
sejaban al Rey que construyese el Panteón en otro lugar del
Monasterio, pero el ingenio y conocimientos de Fr. Nicolás
de Madrid, vicario entonces, puso remedio a todas las
dificultades exponiendo al Rey la posibilidad y economía de
ciertas obras: Felipe IV aceptó su plan (drenaje de las aguas,
aireación e iluminación, escalera de acceso) y le nombró di-
rector y superintendente de las obras; en 1.º de noviembre
de 1645 se reanudaron éstas, formando los planos y diseños
de la escalera, pavimento, altar y puerta, Alonso Carbonell,
arquitecto mayor de S. M., ejecutados por el marmolista
Bartolomé Zumbigo, vecino de Toledo. Felipe IV, nueve
años después, el 16 de marzo de 1654, pudo inaugurar el
Panteón Real.

Después de siete peldaños, da entrada a los Panteones
una hermosa puerta, bello conjunto de orden compuesto,
con reja de dos hojas, de bronce dorado a fuego con balaustres torneados; sobre la cornisa en que termina el
primer cuerpo, una lápida de mármol negro de Italia con
adornos dorados contiene en letras de bronce también doradas, una inscripción latina alusiva a la construcción del
Panteón y que traducida dice:

A Dios Omnipotente y Grande. Lugar sagrado dedicado por la piedad de los Austrias a los despojos mortales de los reyes católicos que aguardan el día ansiado, bajo el Altar mayor del Restaurador de la Vida. Carlos V, el más esclarecido de los Césares, deseó este lugar de reposo postrero para sí y para los de su estirpe; Felipe II, el más prudente de los Reyes, lo eligió; Felipe III, Príncipe verdaderamente piadoso, dio comienzo a las obras; Felipe IV, grande por su clemencia, constancia y religiosidad, lo agrandó, adornó y terminó en el año del Señor de 1654.

Sobre la inscripción, un frontispicio en arco partido en su centro para alojar el escudo real; y a sus lados, dos figuras de bronce ejecutadas en Italia que representan la Naturaleza humana desfallecida (derecha), y la Esperanza (izquierda).

De notable efecto es la *escalera* que desciende a los Panteones, toda de preciosos mármoles de San Pablo de los Montes (Toledo) y de jaspes de Tortosa "tan bien ensamblados y unidos que parecen una sola pieza". Consta de 34 gradas y tres descansos: a los 13 escalones se halla el primero de aquellos con dos puertas de caoba y ébano, que son simuladas, sólo de adorno; el segundo, después de otros 13 peldaños, tiene dos puertas, la de la derecha, va a la Sacristía del Panteón y pudrideros; la de la izquierda, al Panteón de Infantes y a otros pudrideros. En este rellano, se tuerce la dirección de la escalera sobre la derecha, resultando un cambio de mucho movimiento, "ejecutado con habilidad y hermosura". Bajando otros siete peldaños, un tercer rellano termina la escalera y en él se abre una puerta de verja en bronce, semejante a la de entrada que da paso al *Panteón de Reyes.*

Panteón de Reyes.

Está construido bajo el altar mayor de la Basílica; su planta es octogonal, de 10 m. de diámetro y 10,60 de altura; todo él está recubierto de los preciosos mármoles y jaspes de Tortosa y Toledo, admirablemente bruñidos y abundan toda clase de adornos y molduras de bronce dorado; el pavimento es de mármoles y jaspes de diversos colores formando en su centro como una estrella; un zócalo de medio metro circuye la sala y sobre él a distancias iguales en toda la periferia, se elevan 16 pilastras de jaspe de orden corintio, con basas y capiteles de bronce, que a una altura de 4,50 m. sustentan arquitrabe ricamente decorado, ancho de 2 metros, de cuya cornisa arranca la cúpula que se eleva 4,50 m. formándose ocho lunetos de 1,70 de alto, cubiertos de mármol negro de Vizcaya; los de la parte de oriente, sirven de ventanas que reciben tercera luz por el Patio de los Mascarones; al lado opuesto hay otra al Panteón de Infantes y otra entre éstas que se comunica con la habitación real **(Págs. 68-69)**.

De los ocho lados del octógono, en alzado, dos están ocupados, uno por el altar y otro frente a él, por la puerta; y los otros seis contienen las urnas sepulcrales de mármol gris, de 2 metros de largo, 0,84 de alto y 0,70 de ancho, de elegante traza barroca sostenidas por cuatro garras de león en bronce dorado; en el centro de las urnas, en una cartela de bronce, se lee en letras negras en relieve el nombre del rey o reina cuyos restos contiene. Las urnas, 26 en total, están colocadas en estanterías de mármol negro, cuatro en cada ochava y dos sobre la puerta; las correspondientes a los reyes, a la izquierda (Evangelio); las de las reinas madres de príncipe heredero, a la derecha (Epístola), excepto doña Isabel de Borbón, primera mujer de Felipe IV, enterrada aquí por expresa voluntad de aquel Monarca; en la colocación de los cuerpos se sigue el orden cronológico.

Los Reyes que aquí descansan son: Carlos I de España y V de Alemania, emperador y rey (1500-1556); Felipe II (1527-1598); Felipe III (1578-1621); Felipe IV (1605-1665); Carlos II (1661-1700); Luis I (1707-1724); Carlos III (1716-1788); Carlos IV (1748-1819); Fernando VII (1784-1833); Isabel II (1831-1904); Alfonso XII (1857-1885) y Francisco de Asís, esposo de Isabel II como rey consorte (1822-1902). Las Reinas son: Isabel, emperatriz, esposa de Carlos V (1503-1539); Ana, cuarta esposa de Felipe II (1549-1580); Margarita, esposa de Felipe III (1584-1611); Isabel, primera mujer de Felipe IV, (1603-1644); María Ana, segunda mujer de Felipe IV (1634-1696); M.ª Luisa, primera esposa de Felipe V (1668-1714); María Amalia, esposa de Carlos III (1724-1760); María Luisa, esposa de Carlos IV (1751-1819); María Cristina, cuarta esposa de Fernando VII (1806-1878); María Cristina de Habsburgo-Lorena (1858-1929).

Faltan: Felipe V (1683-1746), que está enterrado en la Colegiata de La Granja con su segunda mujer Isabel de Farnesio; y Fernando VI (1713-1759), enterrado en las Salesas Reales de Madrid junto con su esposa Bárbara de Braganza.

El altar es de mármol verde de Génova con adornos y un relieve de bronce dorado en el frontal, representando el *Entierro de Cristo,* obra de los legos del Monasterio Fr. Eugenio de la Cruz y Fr. Juan de la Concepción. Sobre la mesa del altar, dos columnas sostienen un entablamento, todo ello del mismo mármol verde, rematando en un frontispicio en

arco con una cartela de bronce que dice "Resurrectio nostra";
en el intercolumnio sobre el altar, un gran crucifijo de bronce
(1,40 m. de alto), por Domenico Guidi, con cruz de mármol
negro de Vizcaya; la espléndida araña **(Pág. 66),** en bronce
dorado, también se hizo en Génova para este Panteón, por
Virgilio Fanelli: es ochavada, de 2 m. de alta, con 24 brazos,
repartidos en tres alturas y el eje, como todo ello, adornado
con multitud de volutas (rocallas), figuras de angelitos y de
bichas, los cuatro Evangelistas, trofeos militares, rematando
por gran corona real y florón pendiente. Los ángeles de bronce
dorado que entre cada dos pilastras y a media altura sostienen candelabro, son obra del milanés Clemente Censore.

El Panteón real en su recargada riqueza es un modelo
notable del arte barroco de la época.

Además de los artistas citados, trabajaron también para
este Panteón los escultores Francesco Generino, Giovanni
Antonio Ceroni, Pietro Gatto y los broncistas y fundidores
Giuliano Spagna, Giovanni Battista Berinci y Francuccio
Francucci.

Panteón de Infantes.

Para llegar a él es preciso ascender la escalera hasta su
segundo rellano, que es donde se bifurca, y bajar luego por la
derecha: en la entrada hay una lápida de mármol gris con una
inscripción latina en letras de bronce dorado que traducida
dice:

"A Dios Omnipotente y máximo, Isabel II, siguiendo piado-
samente las huellas de sus antecesores, empezó a erigir, con
la munificiencia que en S. M. resplandece, este túmulo, con-
sagrado para honrar el augusto parentesco y descendencia
de los Reyes, a inhumar los restos de las Reinas consortes

*que mueren sin hijos príncipes, y de los Príncipes e Infantes.
Alfonso XII, Príncipe de ánimo esforzado, por quien toda
España llora entristecida, lo prosiguió religiosamente, aunque, sorprendido por la muerte, no pudiera concluirlo. Reinan-
do Alfonso XIII, que nos viva mucho tiempo, su prudentísima
madre María Cristina, ínclita Regente por su hijo del Reino
de las Españas, continuándolo santamente con la ayuda de
Dios, lo completó, perfeccionó y terminó con toda felicidad
el año del Señor, 1886".*

Doña Isabel encargó el proyecto al arquitecto palatino
José Segundo de Lema (1862). Alfonso XII continuó las obras
en 1877 que no se terminaron hasta 1888, bajo la Regencia
de doña María Cristina de Habsburgo-Lorena. Las cámaras
sepulcrales son nueve: cinco debajo de la Sacristía, una debajo
de la Celda Prioral y tres debajo de las Salas Capitulares. Los
muros se revisten de mármoles blancos de Florencia y
Carrara; los pavimentos son de mármoles blancos y gris
(Carrara y Bardiglio); todas las Cámaras tienen su correspondiente altar de mármol.

El escultor de Madrid, Ponciano Ponzano, modeló los
heraldos, las esculturas y los adornos que fueron trabajados
en Carrara, en mármol de esta localidad por el escultor italiano Jacobo Bartta di Leopoldo.

Los sepulcros más notables en la *Capilla primera,* son los
correspondientes a la Infanta Luisa Carlota de Borbón **(Pág.
67),** hija de los Reyes de las Dos Sicilias (1804-1844), con
estatua orante de la Infanta, en tamaño natural de bronce dorado, obra de Ponzano, y del arquitecto Domingo Gómez de
la Puente que trazó el sepulcro de mármol blanco de
Carrara; el de los *Duques de Montpensier* (infanta Luisa Fernanda, hermana de Isabel II (1832-1897) y su esposo Antonio
de Orleans (1824-1890) y los dos de sus hijas, Cristina

(1852-1879) y Amalia (1851-1870) que presentan sendas y bellas estatuas de mármol de Carrara, uno de ellos firmado por Aimé Millet de Paris, 1880. Finalmente mencionaremos el cuadro del Altar con el *Descendimiento de la Cruz* de C. Cagliari **(Pág. 65)**: lleva marco de mármoles de Valencia y de Cabra y baquetón de pórfido. En la Cámara cuarta se halla la tumba de la Infanta María Teresa de Borbón, (hermana de don Alfonso XIII), según planos del arquitecto Landecho; su material, mármoles oscuros y bronces dorados.

El sepulcro de don Juan de Austria, hijo natural de Carlos V, vencedor de los turcos en Lepanto, se halla en la quinta Cámara, ocupando el centro de ésta; sobre él yace su estatua, vestida con armadura de guerra y con la espada entre las manos; fue modelada por Ponzano y ejecutada por el escultor italiano Giuseppe Galleoti: todo el sepulcro es de mármol de Carrara (siglo XIX).

En la sexta Cámara, el mausoleo de los infantes niños o rotonda poligonal de 20 lados, en mármol de Carrara sobre zócalos de mármol oscuro, es obra de poco gusto. Contiene 60 nichos. En el altar, *Sagrada Familia con San Juanito*, todos contemplando al Niño que duerme, bella obra de Lavinia Fontana, pintada en 1590 **(Pág. 70)**.

Antesacristía.

Al ascender de los Panteones se sale de nuevo al *Atrio de la Sacristía* o *Antesacristía*, sala de 7 m. en cuadro pavimentada de mármol blanco y gris; hasta la cornisa las paredes van enlucidas de almagre y de allí arranca la bóveda pintada primorosamente por Nicolás Granello, en el estilo de grutescos; el muro oriental lo ocupa una fuente de már-

mol gris con nichos en la parte superior y debajo de cada
uno, hay cinco cabecitas de ángel, de bronce dorado, que son
los grifos y echan el agua por sus bocas sobre un gran pilón.
Se remata todo por un arquitrabe y cornisa con pedestales
y bolas; a los lados de la fuente (4,50 m. de larga por 1 metro
de ancha), hay dos puertas iguales, una de las cuales es la
correspondiente a los Panteones; otras tres puertas grandes se abren en esta Sala, una da a la Sacristía, otra comunica con la iglesia y en el lado de poniente, otra que sale al
claustro principal.

Los muros de esta sala se adornan con trece cuadros de
las indulgencias concedidas al Escorial.

A veces no se pasa directamente a la Antesacristía, sino
que de la Basílica se sale de nuevo al porche y se entra por
su izquierda a la antigua portería principal del Convento, una
sala pequeña abovedada llamada *Sala de Secretos* porque sus
especiales condiciones acústicas permiten a los visitantes
"contarse secretos" en voz baja desde sus ángulos. De ella
se pasa a la *Sala de la Trinidad* así denominada porque en ella
estuvo colocado el gran lienzo con este asunto obra de José
de Ribera. Hoy se adorna con repostero en terciopelo rojo y
gran escudo con las armas de Felipe II; y además con pinturas
diversas: tres grandes cuadros de batallas, de las que dos
corresponden a la de *Lepanto:* salida de la armada coligada
del puerto de Mesina al mando de D. Juan de Austria y las
armadas cristiana y turca en línea de batalla, ambos por Lucas
Cambiasso, Luchetto; el tercero representa la *Batalla de las
Dunas o de Newport,* de escuela flamenca; el boceto del
Martirio o degollación de Santiago (en las Salas Capitulares),
por Navarrete el Mudo; *La Virgen amamantando al Niño,* copia del Parmesano por Luis de Carvajal; *Sagrada Familia con
Santa Ana y San Juan* de escuela italiana; y un *Filósofo.*

La adoración de la Sagrada Forma, por Claudio Coello
L´adoration de la Sainte Hostie, par Claudio Coello
Worshipping of the Host, by Claudio Coello

Die Verehrung der Sagrada Forma, von Claudio Coello
L´adorazione della Sacra Forma, di Claudio Coello
A adoração da Sagrada Hóstia, por Claudio Coello

Sacristía: Vista general
La Sacristie: Vue générale
Sacristy: General view

Sakristei: Ansicht
Sagrestia: Vista generale
Sacristia: Vista geral

Ribera: La adoración de los pastores
Ribera: L´adoration des pasteurs
Ribera: The adoration of the shepherds

Ribera: Die Anbetung der Hirten
Ribera: L´adorazione dei pastori
Ribera: A Adoração dos pastores

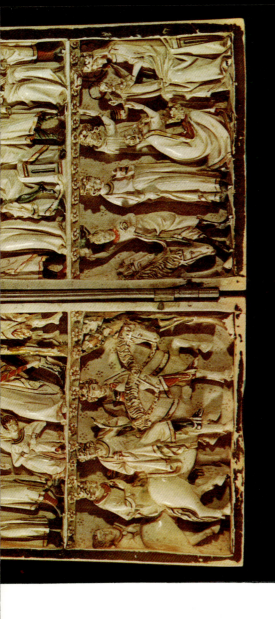

Díptico de marfil
Diptyque en ivoire
Ivory dipthyc

Diptychon
Dittico di avorio
Díptico de marfim

Sala Capitular (derecha)
Salle Capitulaire (de droite)
Capitular Hall (right)

Kapitelsaal (rechts)
Sala Capitolare (destra)
Sala Capitular (direita)

Sala Capitular (izquierda)
Salle Capitulaire (de gauche)
Capitular Hall (left)

Kapitelsaal (rechts)
Sala Capitolare (sinistra)
Sala Capitular (esquerda)

Casulla "La vida de Cristo"   Ornat mit Bildstickerei
Chasuble "La vie de Christ"   Pianeta di prete "La vita di Cristo"
Chasuble "Christ's Life"   Casula "A vida de Cristo"

Sacristía.

En el conjunto de pinturas que se exhiben en la Sacristía y en las Salas Capitulares pueden calificarse varias de ellas como de primer orden, aunque otras muchas han pasado a formar la nueva Pinacoteca, donde en una instalación adecuada pueden admirarse y estudiarse con más comodidad y en todo el esplendor de sus calidades excepcionales.

La gran sala abovedada de la Sacristía (30 × 9 m. y casi 11 de altura), ocupa parte de la crujía Este del claustro bajo en el Patio de los Evangelistas; de él recibe luz por cinco ventanas a nivel del suelo y otras nueve pequeñas en alto sobre la cornisa, a las cuales corresponden nueve nichos figurando otras tantas ventanas en el muro opuesto; entre las grandes ventanas alternan cuatro alacenas de ricas maderas donde se guardan vasos sagrados y objetos de culto; también en el muro frontero (oeste), en todo su largo, se adosa la preciosa cajonería de maderas finas embutidas y mosaicadas (ácana, caoba, ébano, terebinto, cedro, boj y nogal); consta de dos cuerpos, el inferior es el descrito, dividido por pilastras en siete partes iguales que contienen cada una cuatro cajones, terminando con gran tablero de nogal; el segundo cuerpo, de orden corintio, se apoya en este tablero, con sus columnas, arquitrabe, friso y cornisa, labrado con primor exquisito; los tableros de los intercolumnios, son las puertas de otras tantas alacenas o armaritos para guardar vasos y ornamentos sagrados. En el centro está colocado un hermoso espejo de barroco marco de plata y adornos de cristal de roca, regalo de la Reina doña Mariana de Austria, madre de Carlos II, y a sus lados hay otros seis menores convenientemente distanciados, con marcos de chapa de plata, finamente trabajada por el lego jerónimo Fr. Eugenio de la Cruz. La bóveda está pintada de grutescos, figurando grandes casetones con adornos diversos entre fajas resaltadas, obra de Nicolás Granello y Fabricio Castello; el pavimento es de mármoles blanco y gris **(Pág. 72).**

La colección de cuadros que en ella se exhiben, se distribuyen del modo siguiente; comenzando por el lado derecho (Epístola): *Noé embriagado y sus hijos* (Cam se mofa de su padre mientras Sem y Jafet cubren con un manto su desnudez); *La Oración del Huerto; El falso profeta Balaán* (montado en una burra la apalea inhumanamente; el animal le habla reconviniéndole por ello en el momento que un ángel le sale al paso con una espada), las tres, obras de Lucas Giordano, llamado Jordán en España (1632-1705); *Cristo crucificado,* de Tiziano; *El santo Job,* por Lucas Jordán; *San Pedro en la prisión* (liberación de San Pedro por el ángel, cuando aquél se hallaba en la prisión), de bellísimos contrastes de luz y sombras, por José de Ribera (1588-1656); *La heroína Jael y Sisara* (Jael se halla en actitud de implorar el auxilio divino antes de traspasar con un clavo y mazo las sienes de Sisara, jefe de los cananeos, sus enemigos, al que tiene a sus pies embriagado), pintura también de Jordán. En el lado izquierdo: la *Transfiguración,* copia de Rafael; *Virgen con el Niño y San Juanito,* escuela italiana; *San Pedro,* en contemplación, busto a imitación de Lucas Jordán; *La Virgen, el Niño Jesús y Santa Ana que le ofrece una fruta,* por M. Coxcie (1497-1592); *Martirio de Santa Inés* (la Santa en medio de una hoguera parece orar y las llamas persiguen a sus verdugos), por J. Gómez; *Sagrada Familia con la visión del martirio de Jesús* (la Virgen, San José y el Niño, de pie, tiende sus bracitos a unos ángeles que llevan una cruz y los demás atributos de la Pasión; en lo alto, El Padre Eterno) por J. Simonelli; *Extasis de San Juan de Dios,* por L. Jordán; *San Juan Bautista,* por S. Herrera Barnuevo; *San Antonio,* escuela española del s. XVII; *San Pablo; Sagrada Familia,* de escuela flamenca; *San Pedro.*

El cuadro más notable entre los de la Sacristía, es el que cubre el altar, denominado *La Sagrada Forma,* obra de Claudio Coello, última gran figura de la escuela madrileña, que con esta pintura realizó su obra maestra **(Págs. 71-72 y 81).** Representa la función religiosa que se celebró el 19 de octubre de 1680 para la traslación solemne de la Santa Forma desde otro lugar del Monasterio a su nueva Capilla de la Sacristía en presencia del Rey y de los grandes de su corte. Todo ello está admirablemente compuesto en profundísima perspectiva (la de la propia Sacristía) "con tanta verdad, con tal corrección de dibujo, con tal fuerza de colorido, con tanta propiedad en la perspectiva, que cuanto en él se representa, todo parece moverse, salirse del cuadro".

En el lienzo se ven infinidad de personajes retratados con excepcional maestría: el Rey Carlos II, arrodillado, adora la *Sagrada Forma* que lleva en sus manos Fr. Francisco de los Santos, Prior del Monasterio; detrás del Rey, se ven al Padre Fr. Marcos de Herrera y los grandes de la Corte, los Duques de Medinaceli y Pastrana, el Conde de Baños, el Marqués de la Puebla y el primogénito del Duque de Alba; y en segundo término, la Comunidad de religiosos jerónimos cantando; el retrato del pintor, es el primero de los personajes que está a la izquierda, en primer término, sin peluca y con patillas **(Págs. 71-81).** En lo alto, varias figuras representan algunas virtudes y angelitos recogiendo una cortina.

Para la mejor comprensión del lienzo, recordamos la historia de la Sagrada Forma con el milagro que la hizo tan famosa. En las guerras de la religión que asolaron los Países Bajos, los herejes zuinglianos entraron en la ciudad holandesa de Garcum profanando los templos, y en la Catedral llegaron hasta pisotear las Formas consagradas: en la que se conserva en El Escorial abrieron tres roturas que al parecer fueron producidas por los clavos de los zapatos de quien las pisó y de las que comenzó a saltar sangre de la que persiste la huella; uno de los herejes, espantado y maravillado del milagro, lo comunicó al Deán Juan van der Delph, quien la recogió, huyendo ambos a Malinas, ciudad imperial entonces y depositándola en el convento de San Francisco adquirió fama extraordinaria, por lo que en evitación de nuevos embates, fue llevada a Viena y luego a Praga. Después se consiguió que la preciosa reliquia fuera regalada a Felipe II, en 1592, por el Emperador de Alemania y Rey de Hungría Rodolfo II. La piedad de Felipe II hizo que tan inestimable regalo se depositase entre las infinitas reliquias que había ido acumulando en la Basílica escurialense. Carlos II fue particular devoto de la Sagrada Forma desde que conoció su historia y se propuso destacarla con Capilla especial.

En cuanto a la erección de la Capilla, retablo y altar actuales, conviene recordar que caído en desgracia en 1677 don Fernando de Valenzuela, valido del monarca y perseguido por orden de don Juan José de Austria, se refugió en el Monasterio con anuencia del Rey. El Duque de Medinasidonia y otros nobles asediaron El Escorial, penetrando al fin desmandados, quebrantando la santidad del lugar, profanando reliquias, y vejando a los monjes; fueron excomulgados por el Prior Fr. Marcos de Herrera y para levantar el castigo, el Papa impuso la penitencia de erigir una nueva y suntuosa capilla. El apocado Carlos II, espantado de la sanción, prometió cumplir él la penitencia, y la capilla se inauguró en 1684.

El *altar y retablo* de la Sacristía ocupan el testero sur y constituyen el centro de la decoración total del mismo, que viene a representar una verdadera fachada de orden corintio en su cuerpo inferior, aunque las cornisas son ya de movidos perfiles, siguiendo el barroquismo de la época. Sus materiales son jaspes y mármoles, embutidos y combinados ricamente, y profusión de preciosos bronces dorados para los complementos ornamentales (basas, capiteles, escudos, follajes, cartelas); la traza y ejecución es de José del Olmo, arquitecto de Carlos II; y de los adornos de bronce se encargó el italiano Francisco Filippini, relojero y broncista del Real Palacio **(Pág. 82).**

El cuerpo inferior se compone de alto pedestal sobre el que se elevan dos pilastras centrales cuyos fustes se adornan con preciosos bronces: junto a las pilastras, dos columnas exentas de 2,80 m.; otras dos columnas iguales en los extremos derecha e izquierda, originan tres huecos, el intercolumnio del centro flanquea el altar que corta el pedestal y en su vano se forma una capilla transparente de 2,50 m. de ancho por 5,60 de alto, que rompe la cornisa del primer cuerpo y llega a lo alto del segundo; los intercolumnios laterales, presentan sendas puertas de finas maderas con adornos de concha y bronce, con escudos de Castilla y León, y sobre el dintel figura también un león que sostiene con sus garras cetro y globo, todo ello de bronce dorado: sobre el dintel se forma sobre cada puerta un nicho terminado en medio punto con relieves de mármol blanco que representan respectivamente la entrega de la Sagrada Forma a Rodolfo II de Alemania y a Felipe II; sobre la clave de estos nichos hay dos águilas explayadas con el collar del Toisón en sus picos, también de bronce dorado. Finalmente todo este primer cuerpo remata con una cornisa interrumpida por el retablo.

El segundo cuerpo sobre ella, forma en el centro el coronamiento de altar encuadrado por dos cortos pilastrones de mármol sobre los que se agrupan las figuras y carga el frontón partido y las rocallas: follajes de bronce, serafines de mármol blanco de Génova en los capiteles y cerrando el frontis, enmarcando una gran cartela con inscripción alusiva, dos ángeles de bronce sentados sobre las volutas del frontón, originan un coronamiento suntuoso, rico y profuso, muy del gusto de la época. Lateralmente, este segundo cuerpo sobre las puertas, se compone de unos medallones de mármol blanco con relieves que representan los ultrajes de los herejes a la Sagrada Forma (que se venera incorrupta en este altar de la Sacristía) y la toma del hábito de San Francisco de uno de aquellos convertidos ante el milagro: dos medallones quedan flanqueados entre dos figuras de niño en mármol blanco con flameros de bronce y se rematan por un serafín que sostiene gran corona real. Todo el altar termina siguiendo la vuelta de la bóveda.

El frontal del altar y la grada sobre la que éste se levanta, son de cobre dorado a fuego y labrados a martillo con figuras e historias de Santos, obra flamenca del siglo XVI, arreglada y completada por Lesmes del Moral.

El altar queda completamente cubierto con el cuadro de C. Coello que sirve de velo o transparente al Santísimo **(Págs. 71 y 72)** y que sólo se descorre dos veces al año: los días de Jubileo, fiesta de San Miguel (29 de septiembre) y de San Simón y San Judas (28 de octubre); el cuadro se baja a torno y queda bajo el pavimento. Cuando esto sucede, puede admirarse un magnífico crucifijo, con la figura de Cristo bellamente modelada y fundida en bronce dorado a fuego, obra de Pedro Tacca **(Pág. 72)**; y un gran templete también dorado a fuego, de estilo gótico-románico (estilo catedral) de 1,60 de alto, dibujado por el pintor de Cámara don Vicente López, comenzado en 1829 por Ignacio Millán y terminado en 1834 por Francisco Pecul en Madrid. Contiene diversas reliquias y se adorna con cuarenta estatuillas y diez bustos. La riquísima custodia de Isabel II, regalo de esta reina en 1852, obra hecha en Madrid por Carlos Pizzala, de admirable trabajo de orfebre y cuajada de pedrería, es una de las joyas desaparecidas en 1936.

El camerín de la Sacristía detrás del retablo cubierto de mármoles y adornos de bronce, es obra de Francisco Ricci, José del Olmo y Francisco Filippi.

Las Salas Capitulares.

Las Salas Capitulares ocupan casi toda la crujía sur del claustro bajo; reciben su nombre por haberse utilizado por los jerónimos para sus Capítulos o juntas; hoy constituyen un Museo de valiosas pinturas, de ropas sagradas, de objetos de singular riqueza y arte (orfebrería, marfiles). El conjunto comprende cuatro amplias salas consecutivas: una central, casi cuadrada (9 × 8 m.), donde está la puerta de ingreso, que puede considerarse como un vestíbulo y dos grandes salones a derecha e izquierda (22 × 8 metros) denominados Sala Vicarial y Sala Prioral respectivamente, uniéndose a esta última otra habitación más pequeña conocida por celda Prioral baja; todas ellas reciben luces por ventanas al mediodía, en igual disposición que las de la Sacristía, ventanas rasgadas hasta el suelo y otras más pequeñas sobre ellas que se corresponden por nichos o ventanas ciegas en el muro opuesto, ventanas que proporcionan la luz y claridad necesarias para admirar cuanto en estas salas se exhibe.

Todas también presentan sus bóvedas pintadas al fresco muy bellamente y en estilo renacentista de grutescos y con figuras bíblicas y de Santos, obras de Granello y Fabricio, hijos del Bergamasco (Salas Capitulares) y de Francisco de Urbino (celda Prioral baja), de espléndido efecto decorativo. El modo es semejante a como se decoró la bóveda de la Sacristía, pero con infinita variedad de elementos decorativos (alegorías, fauna natural, mitológica y fantástica, follajes, florones), que rellenan los compartimentos y las grandes

fajas que señalan los arcos; en el centro de la bóveda del
vestíbulo o zaguán, de estilo pompeyano, se figura un cielo
con sus nubes por donde bajan algunos ángeles con corona
de laurel; y en los nichos que se abren sobre las puertas y
ventanas se ve a *Job llagado* y a los *Profetas*; las dos salas
grandes producen bellísimo efecto por la disposición de sus
pinturas en el sentido de arcos fajones que dividen las bóvedas en bandas horizontales y les prestan una perspectiva
singular **(Págs. 86 y 87).**

Colgados de los muros hay los siguientes cuadros: *Retrato
de Inocencio X,* copia de Velázquez, por Pietro Martire Neri;
dos *Floreros* grandes y otros dos pequeños por Daniel Seghers
(1590-1661) y la *Adoración de los Pastores* y la *Adoración
de los Reyes,* a la manera de los Verones. En uno de los testeros se exhibe un *Frontal de altar* bordado en gran relieve
regalado por D. Alfonso XIII, en 1910, procedente de las
Leandras de Sevilla.

En el centro del vestíbulo, un *Angel* algo mayor que el
natural, sobre pedestal, sostiene un atril, que hacía oficio de
facistol; es de bronce dorado y fue hecho en Amberes por el
flamenco Juan Simón en 1571.

Sala Capitular derecha (Sala Vicarial).

Según se entra, y sobre los medios puntos de ambos testeros, unos encuadramientos clásicos con frontón partido, al-
bergan dos medallones o relieves de pórfido sobre fondo de
mármol blanco y marcos dorados que representan la *Cabeza
del Salvador.* De modo semejante, en la Sala Capitular de la
izquierda (Sala Prioral), se representa la *Virgen con el Niño;*
van ilustradas con sendas inscripciones latinas debidas al
humanista Benito Arias Montano **(Pág. 86).**

Altar portátil del Emperador Carlos V
L´autel portatif de l´Empereur Charles V
Portable altar of the Emperor Charles V

Reisealtar Kaiser Karls V
Altare portatile dell´Imperatore Carlo V
Altar portátil do Imperador Carlos V

Capa "La vida de Cristo"
Chape "La vie de Christ"
Cope "Christ's Life"

Pluviale mit Bildstickerei
Piviale "La vita di Cristo"
Capa "A vida de Cristo"

Breviario del Emperador Carlos V
Missel de l'Empereur Charles V
Breviary of the Emperor Charles V

Brevier Kaiser Karls V
Breviario dell'Imperatore Carlo V
Breviário do Imperador Carlos V

Vista general de la Biblioteca
Vue générale de la Bibliothéque
General view of the Library

Ansicht in die Bibliotheke
Vista generale della Biblioteca
Vista geral da Biblioteca

El dios Pan Der Gott Pan
Le dieu Pan Il dio Pan
The god Pan O deus Pan

Escalera principal del Monasterio
Le Grand Escalier du Monastère
Main staircase of the Monastery

Das Treppenhaus
Scalone principale del Monastero
Escada Principal do Mosteiro

Detalle de la bóveda, pintada por Lucas Jordán
Détail de la voûte, peinte par Lucas Jordán
Detail of the vault, painted by Lucas Jordán

Wand, bemahll von Lucas Jordán
Particolare della volta, dipinta da Lucas Jordán
Pormenor da abóbada, pintada por Lucas Jordán

Las pinturas de esta Sala se ordenan así: en el lado derecho, *San Juan Bautista y San Juan Evangelista* (de pie sobre
un campo), anónimo de escuela española, siglo XVI; cinco
grandes obras de Juan Fernández de Navarrete, el Mudo
(1526-1579), el más notable del grupo de pintores españoles
que intervinieron en el Monasterio de El Escorial: *San
Jerónimo en penitencia, La flagelación del Señor* (atado a la
columna de un patio, dos sayones se disponen a azotarle);
Martirio de Santiago Apóstol, la mejor pintura de el Mudo,
firmada en 1571 (está el Santo arrodillado y expirante por el
tajo que su verdugo le ha dado en el cuello; en el fondo, se
representa en una llanura la batalla de Clavijo); *Sagrada Familia con San Joaquín y Santa Ana:* como detalles pintorescos,
se ven en primer término un perro y un gato riñendo y una
perdiz en el lado opuesto; y *Nacimiento del Señor* (la Virgen y
San José, arrodillados, adoran al recién nacido del que se
destaca un vivo resplandor) por F. Zuccaro; y la *Adoración de
los pastores.* En el testero menor se muestra una mesa de
altar en la que se ha instalado el llamado *Altar portátil del
Emperador,* por suponerse que era el que llevaba Carlos V en
sus campañas: es de bronce y plata con esmaltes y presenta
forma de retablo, coronado por frontón y distribuido en cinco
zonas horizontales en las que alternan relieves y estatuitas se-
paradas por columnitas (atlantes-estípites en la inferior) y
de los cuatro órdenes clásicos (dórico, jónico, corintio y compuesto) en las cuatro superiores, formando un conjunto muy
bello **(Pág. 97);** a los lados, dos vasos-candelabros de
bronce dorado y grabado; colgadas a derecha e izquierda dos
pequeñas vitrinas que contienen, respectivamente, un relieve, de mármol blanco que representa a *San Jerónimo penitente* por fray Eugenio de Torices: va enmarcado por capilla
de madera; y un *Calvario* de plata repujada con marco de
ébano. El muro de la izquierda vuelve a adornarse con

pinturas: *San Pedro; La Asunción*, y *San Agustín en actitud de escribir*, ambos de Bartolomé Vicente; *Cristo muerto; San Jerónimo* (medio cuerpo), por Matías Torres (?); *Dolorosa*, copia de escuela italiana; y *Sagrada Familia con San Juanito*, también de escuela italiana.

Sala Capitular izquierda (Sala Prioral).

Adornados sus testeros, como se ha indicado, el resto se recubre con pinturas que son:

Cuatro cuadros con *Coronas de flores* que contienen un relieve a modo de grisalla con los siguientes asuntos: *Moisés recibiendo las Tablas de la Ley en el Monte Sinaí, Caín y Abel, El Sueño de Jacob* y el *Sacrificio de Isaac*, los cuatro por Mario de Fiori (1603-1673); la *Inmaculada*, por Vicente Carducho; la *Transfiguración*, copia de Rafael; *Nazareno orante*, escuela italiana; *La Magdalena en oración*, copia del Tiziano por Lucas Jordán; *San Bartolomé*, anónimo; *La Dolorosa* (de medio cuerpo, pizarra), copia del Tiziano; *Noé después del diluvio* (rodeado de su familia levanta un altar a Dios para ofrecerle sacrificios), por Andrés Vaccaro; *Adoración de los pastores*, por Ribera; otra *Adoración de los pastores*, por Pablo Matteis (1662-1728), con figuras de medio cuerpo; la *Santísima Trinidad*, por Ribera; *La incredulidad de Santo Tomás* (figuras de medio cuerpo), por Matteis; *Adoración de los pastores*, por Ribera; **(Pág. 83)** y *La Anunciación de María*, por Francisco Rizzi (1608-1685).

Celda Prioral baja.

La bóveda de esta Sala, obra de Francisco de Urbino, representa el *Juicio de Salomón*. Entre los objetos artísticos que se exhiben en la Celda prioral baja, sobresalen las ricas *vesti-*

duras litúrgicas del siglo XVI, preciosamente bordadas en sedas y oro en el mismo Monasterio, siguiendo la escuela del extremeño de Guadalupe (7 vitrinas) aunque su primer maestro fue Fray Lorenzo de Montserrat, así llamado por proceder de aquel monasterio catalán. Los cuatro juegos que se exhiben resultan riquísimos y deslumbradores: son éstos los llamados *Terno en verde,* en damasco de seda de este color con bordados en oro y plata sobre terciopelo verde con escudos con emblemas de la Pasión y la parrilla del Monasterio; el *Terno del oficio de difuntos o de las calaveras,* en brocado de terciopelo negro y plata anillada con bordados de tipo Renacimiento, con profusión de lentejuelas también de plata y emblemas funerarios como calaveras y tibias; el *Terno de la fiesta de San Lorenzo,* de brocado y terciopelo rojos y oro anillado, que recibe aquel nombre porque entre sus bordados destacan las palmas y las parrillas que recuerdan el martirio del Santo; finalmente, el *Terno de la Vida de Cristo,* en brocado blanco de oro anillado y bordado en cenefas y capillos con la técnica casi pictórica de "oro matizado", con escenas que representan pasajes de la Vida del Redentor: es ejemplar bellísimo **(Págs. 88-98).**

En otra vitrina se halla la colección de marfiles: la *arqueta-relicario* rectangular, de hueso toscamente grabado con el Pantocrátor y el Tetramorfos y diversas escenas de la Historia Sagrada: arte castellano del siglo X o principios del XI; un pequeño *díptico gótico,* de los llamados "de rosas" por las que los decoran, de taller parisién del siglo XIV **(Págs. 84-85),** primorosamente tallado con escenas de la Vida de Jesucristo; y un grupo que representa el *Descendimiento,* delicado trabajo de los talleres del Buen Retiro, (s. XVIII). Entre los objetos de metalistería y orfebrería sobresalen una *arqueta-relicario de esmaltes de Limoges* del siglo XIII, rectangular, con tapa a dos

vertientes, que presenta en uno de sus lados mayores la escena de la muerte y la del entierro de Santo Tomás Becket;
el *portapaz* de plata cincelada y en parte dorada, plateresco,
con el punzón del artista Becerril, en Cuenca (s. XVI); un *San
Lorenzo* en coral y esmalte, obra italiana de Francesco Alfieri
de Trapani (s. XVI); una bandeja de plata repujada del siglo XVI;
un *relicario* en forma de libro, regalo del arzobispo de Tréveris
a Felipe II en 1571, con cinco medallones interiores bellamente cincelados en plata dorada; dos coronas en plata de la Virgen
del Patrocinio, una caja o *píxide* dorada, arte español del
s. XVII a juego con unas *vinajeras* de filigrana, de la época de
Carlos II; y varios otros objetos en bronce dorado, como un
acetre, con su hisopo; con otras varias piezas de menor riqueza
pero de gran interés y curiosidad, como son: una *mitra episco-
pal* de seda morada con variadísimas escenas de la Vida
de Cristo y de la Virgen, con Apóstoles, Profetas y Patriarcas,
hechas con mosaico de finísimas plumas de colores y brillo
metálico, combinadas con primor, labor característica meji-
cana de los indios aztecas (s. XVI) o arte plumario, realizado bajo la dirección de misioneros españoles, según dibujos
de artistas también españoles; un libro con los *dibujos o diseños* que sirvieron de modelos para bordar las ropas sacerdo-
tales y ornamentos sagrados del Monasterio; y dos pinturas
sobre ágatas octogonales que representan el *Descendimiento
de la Cruz* y *San Antonio de Padua,* atribuido a Aníbal Ciracci
(1560-1609).

En los espacios que dejan libres las vitrinas puede admirarse un frontal de altar de pórfido chapeado de plata dorada,
obra de los legos jerónimos Fr. Eugenio de la Cruz y Fr. Juan
de la Concepción; (s. XVII) y un templete de alabastro de tipo
semejante al de la Custodia del Altar mayor.

Claustro principal bajo.

De las Salas Capitulares que ocupan la crujía meridional del *Claustro principal bajo,* se sale a éste **(Pág. 113)** constituido por una espaciosa galería en granito de 56 m. de lado, por casi 7 de ancho y 8 de altura, con bóvedas de cañón con lunetos, cuyos muros fueron decorados con grandes pinturas al fresco (Vida de Jesucristo), por Peregrín Tibaldi (lado oriental), que son las mejores, y por sus discípulos. El orden de los asuntos de estos frescos, comienza en el lienzo del Norte, en una puerta que allí hay, llamada de las Procesiones, porque por ella salen y entran en las grandes solemnidades: la primera pintura es la *Concepción de la Virgen* anunciada por el Angel a San Joaquín y Santa Ana que están abrazándose ante la Puerta Dorada del Templo de Salomón; concluyen estas. historias en el otro lado de aquella misma puerta del claustro donde está representado el *Juicio Final.* A continuación enumeramos todas las pinturas, incluso las de las "estaciones": *Concepción de la Virgen o abrazo de San Joaquín y Santa Ana en la puerta dorada; Natividad de la Virgen; Presentación en el Templo; Desposorios de María y José; La Anunciación; Visita de Nuestra Señora a su prima Santa Isabel; Natividad de Jesucristo y Adoración de los Pastores; Adoración de los Reyes; La purificación de Nuestra Señora; La huida a Egipto; La Degollación de los inocentes; La vuelta de Egipto; Jesús disputa en el Templo con los doctores; Jesús tentado por Satanás; La elección de los Apóstoles; La resurrección de Lázaro; Jesús arroja del Templo a los mercaderes: La Transfiguración del Señor; La última Cena; La Oración del Huerto; Prendimiento de Jesús en el Huerto de los Olivos; Jesús en Casa de Anás; Jesús en Casa de Caifás; Herodes se mofa de Cristo; La flagelación de Jesús; La coronación de espinas: Ecce*

Homo; Pilatos después de condenar a Jesús, se lava las manos; Jesús camino del Calvario; La Crucifixión; Resurrección del Señor; Jesús se aparece a la Virgen; Las Marías junto al sepulcro del Señor; San Pedro y San Juan en el sepulcro de Jesús; Jesús se aparece en forma de hortelano a María Magdalena; Aparición de Jesús a las Marías; Aparición de Jesús a sus discípulos en Emmaús; Aparición de Jesús en el Cenáculo; Aparición de Jesús a los Apóstoles, mostrando las llagas a Santo Tomás; Aparición de Jesús a los Apóstoles que pescaban en el mar de Tiberíades; La Ascensión del Señor; La Venida del Espíritu Santo sobre el Colegio Apostólico; Muerte de la Virgen; La Asunción de María a los Cielos; La Coronación de la Virgen y el *Juicio Final.*

Las arquerías exteriores del claustro se cierran con ventanas de nogal y pino, pintadas al exterior; y los medios puntos, con vidrieras; los suelos son de mármoles blanco y gris.

En los ángulos se forman dos capillas o *estaciones;* una en cada pared, con gran retablo con puertas en forma de díptico, pintadas interior y exteriormente y son los autores de ellas: Luis de Carvajal, *Adoración de los pastores* y *Adoración de los reyes* (ángulo noreste); Rómulo Cincinato, *Transfiguración* y *Ultima Cena* (suroeste); Peregrín Tibaldi, *Calvario* y *Resurrección* (sureste); y Miguel Barroso, *Venida del Espíritu Santo* y *Ascensión de Cristo* (noroeste).

Escalera principal.

En el centro de la crujía occidental, tres arcos dan paso a la *gran escalera* que fue la principal y que comunica el piso bajo con el claustro grande alto o de las procesiones **(Pág. 103);** su traza es de Juan Bautista Castello, el Bergamasco, "y por su grandeza, majestad y adorno puede tenerse por

una de las cosas más notables del Monasterio". Su altura
es de 23 m., 8 su anchura y se forma por 52 peldaños de
granito de una sola pieza de 4,40 m. de largo; comienza con
un solo ramal para dividirse en dos en el amplio rellano
situado en su mitad.

Su decoración de pinturas al fresco es por manera notable:
la caja de la escalera presenta 14 arcos a la altura del piso
superior; cinco de ellos están cerrados y muestran paneles
pintados que continúan los asuntos de la Vida de Jesucristo
del claustro bajo: dos son de mano de Luchetto, *San Pedro y
San Juan junto al Sepulcro del Señor* y *Aparición de Jesús a
los Apóstoles en el Cenáculo;* tres de Tibaldi, *Aparición del
Señor a la Magdalena, Aparición a las Santas Mujeres* y *Aparición a los discípulos de Emmaús;* pero la obra más consi-
derable corresponde a Lucas Jordán, que en época de Carlos
II, pintó el gran friso y la grandiosa bóveda con su estilo gran-
dilocuente y brioso, realizando una obra de extraordinaria
belleza y técnica insuperable en el increíble tiempo de siete
meses. En el friso representó la batalla, asedio y rendición de
San Quintín (lados S., O. y N.) y la fundación del Monasterio
de San Lorenzo el Real de El Escorial (lado E.) "En tres lados
del ancho friso que queda entre las dos cornisas, representó
en el de Mediodía la batalla que precedió al asalto de San
Quintín en la que fue roto el ejército francés y preso el
Condestable Montmorency con su hijo y otros muchos de la
nobleza de Francia. En la de Poniente, figuró las disposi-
ciones del sitio, situación de las baterías y asalto a la plaza;
y en el del Norte el momento en que los soldados vencedores
presentan a Manuel Filiberto, Duque de Saboya, las banderas
tomadas en el asalto, y preso, al Almirante de Francia, que
la defendía, a quien se ve delante del Duque a caballo, pero
descubierta la cabeza y desarmado. En la parte de Oriente

se ve a Felipe II de pie y delante del Rey a los famosos
arquitectos Juan Bautista de Toledo y Juan de Herrera, acompañados del eminente lego Fr. Antonio de Villacastín, mos-
trándole la traza y planta de El Escorial. En el otro extremo
de este mismo lienzo se figura parte de la obra en su principio, y varios operarios abriendo zanjas, conduciendo piedras
y colocándolas otros."

La cornisa que corre sobre este friso está perfectamente
dorada, y lo mismo los marcos de las ventanas. A cada lado
de estas últimas hay unos ángeles, apoyados en escudos, en
los que figuran los blasones de armas de España; y en los
lunetos de las mismas unos medallones imitando pórfido, representan algunas de las victorias del emperador Carlos V,
excepto en el del medio de la parte de Oriente, en que se finje
grabado en bronce el retrato de Felipe IV, y en el que corresponde a Poniente el de D. Carlos II.

En la bóveda pintó Jordán grandiosamente *La Gloria* **(Pág.
104):** en lo alto se halla el trono de la Santísima Trinidad,
rodeado de nubes, luz y ángeles; a su derecha, la Virgen con
ángeles que llevan los emblemas de la Pasión; frente a ellos,
reyes Santos: los españoles San Hermenegildo y San Fernando; San Enrique, Emperador de Alemania; San Eusebio, Rey
de Hungría; San Casimiro, Príncipe de Polonia; debajo, San
Jerónimo con hábito de Cardenal, introduce a Carlos V y Felipe II, aquél ofreciendo dos coronas, las de Emperador y Rey
de Alemania y España y éste un globo, símbolo de su poder
en el mundo entero; San Lorenzo también se acerca como in-
tercesor; en los cuatro ángulos, las Virtudes cardinales y los
grupos de las que de ellas se derivan; dos bellas matronas
simbolizan la Majestad real (lado del mediodía), y la Iglesia
Católica (lado norte), que se auxilian mutuamente; en el lado
occidental se representa una balaustrada a la que se asoma

Galería del claustro bajo
Galerie basse du cloître
Gallery of the Lower Cloister

Im unteren Hauptkreuzgang
Galleria del cniostro basso
Galeria do Claustro Baixo

Comedor de gala. Tapices de Bayeu y Castillo
Salle à manger d'apparat. Tapis de Bayeu et Castillo
Banquet Hall. Bayeu and Castillo Tapestries

Der Speisesaal. Wandteppiche von Bayeu und Castillo
Sala da pranzo di gala. Arazzi di Bayeu e Castillo
Sala de Jantar de gala. Tapetes de Bayeu e Castillo

Antesala de Embajadores. Tapices de Goya
Antichambre des Ambassadeurs. Tapis de Goya
Ambassador´s Lobby. Goya´s Tapestries

Das Vorzimmer des Gesandtensaals. Wandteppiche von Goya
Antisala degli Ambasciatori, Arazzi di Goya
Ante-sala de Embaixadores, Tapetes de Goya

Federico Zúccaro: La Anunciación de Nuestra Señora
Federico Zúccaro: L´Annonciation de la Vierge
Federico Zúccaro: Annunciation of Our Lady

Federico Zúccaro: Die Verkündigung
Federico Zúccaro: L´Annunciazione di Nostra Signora
Federico, Zúccaro: A Anunciação de Nossa Senhora

117

Salón de Embajadores
Salon des Ambassadeurs
Ambassadors Hall

Der Gesandtensaal
Salone degli Ambasciatori
Salão de Embaixadores

Bayeu: Tapiz: El juego de boches
Bayeu: Tapis: Le jeu de boules
Bayeu: Tapestry: Playing ninepins

Bayeu: Wandteppich: Das Bocciaspiel
Bayeu: Arazzo: Il gioco della bocce
Bayeu: Tapête: O Jogo da laranjinha

Bayeu: Tapiz: El juego de la vaquilla
Bayeu: Tapis: Le jeu de la vachette
Bayeu: Tapestry: Children playing bullfigting

Bayeu: Wandteppich: Das Stierkampfspiel
Bayeu: Arazzo: Il gioco "della vaccherella"
Bayeu: Tapête: O Jogo da Vaquinha

Carlos II, quien explica a su esposa María Ana de Neuburg y a su madre doña Mariana de Austria, el significado de esta pintura que había mandado ejecutar a sus expensas.

Patio de los Evangelistas.

El Claustro bajo encierra el Patio de los Evangelistas, (46,50 m. de lado), uno de los más bellos del mundo y una de las más exquisitas realizaciones de Juan de Herrera, obra maestra de elegancia y armonía **(Pág. 35)**. Las fachadas se componen de 12 arcos en cada uno de sus lados, formando dos pisos de arquerías, bajo y alto, que siguen el orden dórico y el jónico respectivamente; una balaustrada termina la arquería superior. En el centro del patio se levanta un templete octogonal, de estilo dórico, con entablamento rematado igualmente por una bella balaustrada; una airosa cúpula cubre el monumento. El exterior es de granito, en armonía con el conjunto del patio, pero su interior se recubre de mármoles y jaspes de diversos colores; en los lados mayores del octógono se abren otros tantos arcos o portadas; y en los lados menores, sendos nichos contienen las estatuas de 2 m. de los Evangelistas San Mateo, San Marcos, San Lucas y San Juan (que dan nombre al Patio) y sus emblemas el ángel, el león, el toro y el águila, obra de Juan Bautista Monegro, en blanquísimo mármol de Génova. Cada uno de los Evangelistas tiene en sus manos un libro abierto y escrito en él un texto de su Evangelio respectivo en el idioma en que originalmente lo escribieron: San Mateo en lengua hebrea; San Marcos en latín, San Lucas en griego y San Juan en siríaco; cuatro pequeños estanques cuadrados flanquean el templete y el resto presenta un lindo jardín de recortados bojes.

Desde el Patio de los Evangelistas puede contemplarse uno de los más bellos conjuntos arquitectónicos del Monasterio: el Claustro y sobre todo el cimborrio, que muestran toda la maestría genial de Herrera y su concepto clasicista del Renacimiento en sus más puras líneas.

Volviendo a salir al Claustro y dando la vuelta por él se encuentran seis puertas: una en medio del lado norte (de las Procesiones), una al mediodía (a las Salas Capitulares), dos a Oriente (a la Sacristía) y dos a Poniente, abiertas en sus extremos, una corresponde a la llamada *Iglesia Vieja* y la otra a la Portería. Por esta última hay que dirigirse para llegar de nuevo al Patio de los Reyes y al porche donde se halla la entrada y escaleras que conducen al Claustro alto donde se abre la puerta de la Biblioteca.

La Biblioteca.

La Biblioteca es otra de las grandes riquezas que contiene el Monasterio de San Lorenzo de El Escorial. Felipe II al crearla e instalarla, extremó su munificencia en el montaje, contenido y dotación para su mantenimiento; sus libros propios (4.000), los que hizo venir de diferentes lugares (Capilla Real de Granada), colecciones de eruditos adquiridas por compra y privilegios especiales, hicieron pronto de la Biblioteca escurialense la más notable de Europa **(Págs. 100-101)**. Además de los libros propios del rey, unos 4.000 entre impresos y manuscritos entregados como primer lote en 1565, hay que indicar los del Embajador en Italia, don Diego Hurtado de Mendoza, espléndida colección sobre todo en libros italianos, manuscritos e incunables raros, encuadernados con los colores del posedor (rojo y negro, uno en cada cubierta rayados verticalmente en oro y con medallón dorado en relieve); de la Capilla Real de Granada se trajeron 133 volúmenes, muchos de ellos procedentes de la propia Cámara Regia de los Reyes de Castilla (libros de Alfonso X, Libros de Horas donados por Isabel la Católica); de Don Pedro Ponce, Obispo de Plasencia, 94; 234 del historiador de Aragón, Jerónimo de Zurita; 87 del doctor Juan Páez de Castro; 293 procedentes de Mallorca, Barcelona y Monasterios de la Murta y Poblet, la mayoría obras de Raimundo Lull o Lulio; del Prior de Roncesvalles, 31 mss. Libros prohibidos pasaron de la Inquisición al Escorial 139; del humanista Benito Arias Montano, organizador de la Biblioteca, 206, entre ellos 72 mss. hebreos; de la Biblioteca del Marqués de los Vélez, 486; del Cardenal de Burgos, Don Francisco de Bobadilla y Mendoza, 935; y 135 del Arzobispo de Tarragona, humanista y numísmata Don Antonio Agustín, en su mayoría, manuscritos griegos; sin contar otros muchos que regalaron varios particulares entre los que sobresalen los de Don Jorge de Beteta y del Doctor Burgos de Paz.

Pasaban de 10.000 los volúmenes de todas estas entregas y fueron colocados provisionalmente en la sala que después sirvió de dormitorio de novicios, siendo el encargado de colocarlos el P. Fr. Juan de San Jerónimo; allí los clasificó y organizó Arias Montano ayudado por Fr. Juan y por el Padre José Sigüenza que luego quedó de bibliotecario; por mandato del Rey en 1577 se trasladaron a la llamada ahora biblioteca alta mientras se terminaban las magníficas salas donde debían quedar definitivamente colocados. Estas estuvieron dispuestas en 1593; el Padre Sigüenza colocó en la Sala principal todos los impresos; y los manuscritos en una sala contigua que ocupaba casi la mitad de la

fachada del Patio de los Reyes que mira al norte, en que
había una rica estantería de nogal, dejando en la alta los
libros prohibidos y duplicados por ser de menos uso.

A la época de Felipe III corresponden importantes ingre-
sos, que fueron, la librería del bibliófilo, escritor y político
D. Alonso Ramírez de Prado en 1609; en 1614 el incremento
fue excepcional con 4.000 manuscritos árabes selectos que
componían la Biblioteca de Muley Zidán, Sultán de Marrue-
cos, al ser apresadas las dos naves que transportaban sus
riquezas, por Pedro de Lara, capitán de las galeras de España, en el Mediterráneo, en las costas de Berbería. También
ingresaron en su mayor parte en la Biblioteca escurialense
los libros del Conde-Duque de Olivares en época de Felipe IV.

Conocía Felipe II que estos centros necesitan de una
renta fija para sostenerse y aumentarse y así lo determinó
desde 1573, rentas que fueron aumentadas por sus sucesores
y que ascendían en época de Felipe IV a unos 2.000 ducados.
"Con tanta protección y tantos elementos, la Biblioteca del
Escorial debía ser la primera de Europa no sólo en el número de libros, sino también en su elección y mérito". Pero no
fue así porque muchas veces las rentas solían aplicarse a
otros asuntos que a la Biblioteca y otras veces la falta de sen-
sibilidad y criterios equivocados, perjudicaron a los libros y
a su riqueza. También experimentó desdichas que fueron mer-
mando sus colecciones: en 1671 un terrible incendio des-
truyó más de 4.000 manuscritos y muchos impresos; asimismo sufrió grandemente con la invasión napoleónica, y entre
los años 1820-23. Hoy se conservan en la Biblioteca unos
40.000 impresos; 2.000 manuscritos árabes, más de 2.000
latinos y en otras lenguas; 580 griegos y 72 hebreos. A pesar
de las pérdidas sufridas, su conjunto es de valor incalculable,
formando una de las más apreciadas colecciones mundiales.

Por voluntad de los monarcas españoles, de un gran monarca sobre todo, por primera vez se construía ex profeso una *Biblioteca.*

Se halla situada sobre el zaguán de entrada al Patio de los Reyes y a la derecha del mismo está el ingreso y la escalera que a ella conducen; la entrada se encuentra por el ángulo que los claustros menores del tercer piso forman entre poniente y norte. El ingreso se hace por una bella portada cuyo centro ocupa la puerta, flanqueada por dos pedestales con su correspondiente columna en espiral que sostienen la cornisa con un frontón abierto, donde se encaja una fingida lápida negra con una inscripción en la que se fulmina la excomunión para los que sacaren libros u otro objeto de la Biblioteca. Toda la portada está construida de maderas finas, artísticas y hermosamente ensambladas. Por esta puerta se entra en la Biblioteca que está constituida por un espacioso salón de 54 x 9 m.; su pavimento es de mármol blanco y gris; se cubre con bóveda de cañón (10 m. de altura) con lunetos y recibe abundante luz por cinco ventanas y otros cinco balcones que abren al Patio de los Reyes y siete ventanales a la Lonja de poniente.

Alrededor del Salón se instalaron las librerías o estanterías, dibujadas por Juan de Herrera siguiendo el orden toscano; muy elegantes y vistosas, son todas ellas de maderas finas (como la puerta de ingreso), caoba, nogal, ébano, cedro, terebinto, boj y naranjo; fueron talladas por el italiano Giuseppe Flecha, ayudado por los españoles Gamboa, Serrano y otros; la estantería se levanta sobre un pedestal de poca altura (30 cm.), en jaspe sanguíneo; las librerías encuadran sus estantes entre dos pedestales con sus columnas toscanas y arquitrabe, friso y cornisa; y por coronamiento, un podio dividido por pilastrillas rematadas con una bola. En ellas los libros se colocaron por primera vez de pie, pero con el corte dorado hacia fuera, de manera que presentasen el título grabado en aquél, y así continúan, produciendo su conjunto un tono cálido de brillo atenuado, de singular atractivo.

Dos arcos resaltados con sus correspondientes pilastras dividen la sala en tres porciones; entre las columnas de las estanterías que limitan dichas pilastras hay colocados en sendos paneles, dos a la izquierda y dos a la derecha (según se entra), cuatro retratos de cuerpo entero y de tamaño natural: el del *Rey Felipe II anciano* (de 71 años), obra capital del pintor madrileño Juan Pantoja de la Cruz (1551-1610) **(Págs. 178 y 179);** enfrente, el del *emperador Carlos V* (de edad de 49 años), obra fidelísima del original perdido de Tiziano, por el mismo maestro madrileño (fechado en 1609); a sus pinceles se debe también el retrato de *Felipe III* (de 23 años) en el mismo lado; enfrente, *Carlos II,* de 14 años, del también pintor del Rey Juan Carreño Miranda (1614-1685). Sobre el mueble monetario, formado en el siglo XVIII (2.200 monedas), retrato del primer historiador del El Escorial, Fr. José de Sigüenza, que además fue el inventor de las alegorías y asuntos de la bóveda, así como en unión de Fr. Juan de San Jerónimo y de Benito Arias Montano (primer clasificador y ordenador), importante bibliotecario; en el mismo lienzo de muro de poniente se hallan también entre ventanas, los retratos de Arias Montano, de Francisco Pérez Bayer, latinista y maestro de los infantes hijos de Carlos III; un busto romano hallado en el siglo XVIII en las excavaciones, de Herculano; y dos relieves de escayola que reproducen el anverso y reverso de la medalla que del arquitecto Juan de Herrera labró Jácome Trezzo.

Desde el remate de la estantería, toda la pared y bóveda están pintadas al fresco con grandes composiciones alusivas a las artes y ciencias, a cuyo cultivo se destinó la Biblioteca. La bóveda está dividida en siete compartimentos en los que se representan las siete Artes Liberales en forma de matronas: Gramática, Retórica, Dialéctica, Aritmética, Música, Geometría y Astronomía: Peregrín Tibaldi realizó aquí una de sus obras más felices; en el espacio de pared entre cornisa y librería, se pintaron otras 14 historias, dos por cada división de la bóveda, con escenas relacionadas con cada una de las Artes citadas formando un verdadero friso alrededor del Salón (2,25 m. de altura); sobre él corre una gran cornisa dorada que destaca sus adornos con labores de claroscuro; los dos medios puntos de los testeros se reservaron para las dos ciencias principales que comprenden todos los conocimientos humanos, la 1.ª los adquiridos por el estudio; la 2.ª los revelados; la Filosofía (lado norte) y la Teología (lado sur), con sus correspondientes historias en el friso; la Escuela de Atenas y el Concilio de Nicea, respectivamente; la pintura de grutescos renacentistas rellena las líneas divisorias de escenas y compartimentos, ofreciendo una perspectiva única en esta hermosísima sala. Ayudaron a Tibaldi en estas pinturas, sus discípulos, sobre todo Bartolomé Carducci y el dorador Francisco de Viana. La bóveda fue terminada en 1592 **(Págs. 100-101 y 102).**

Los asuntos representados en los frescos, se deben, como se ha dicho, al P. José de Sigüenza, primer historiador de El Escorial y a la entendida elección de aquéllos correspondió de un modo notable la ejecución artística. Peregrín Tibaldi en los jóvenes que figuró en los lunetos, que parecen sostener los arquitrabes o unos paños y círculos, dio muestra acabada de su maestría en el dibujo, resolviendo actitudes y escorzos dificilísimos y admirables; y todo el conjunto de las historias está pintado con gran fuerza de colorido.

Explicación de las pinturas de la Biblioteca.

Testero de la entrada o sur. En el medio punto se halla la *Teología,* joven y hermosa matrona, sobre un fondo arqui-tectónico, lleva corona real y muestra la Sagrada Escritura a los cuatro doctores de la iglesia latina, San Jerónimo, San Ambrosio, San Agustín y San Gregorio, que la acompañan.

Debajo de la cornisa se vé el *Concilio de Nicea* (año 325). Presiden los obispos y con ellos está el emperador Constan-tino que arroja al fuego varios escritos. En el suelo aparece Arrio, cuya doctrina fue condenada y donde quedaron decla-rados los artículos de la Fe, base de la Teología cristiana.

Primera división, a partir de la entrada. En realidad el orden ascendente del saber humano que se representa en las pinturas, comienza a partir del testero norte con la Filosofía; pero la visita turística y explicación, invierten este orden, y ello obliga a empezar la descripción a la inversa.

En la bóveda, la *Astronomía,* recostada sobre el globo celeste, y varios niños en derredor que estudian el curso de los astros. En el nicho de la izquierda están pintados Ptolo-meo y Alfonso X, el Sabio, rey de Castilla; enfrente, Eucli-des y Juan Sacrobosco, eminentes astrónomos.

A la izquierda, por debajo de la cornisa, se representa el eclipse sobrenatural acaecido el día que murió crucificado Nuestro Señor Jesucristo: San Dionisio Areopagita, Apoló-fanes y otros atenienses observan con admiración el porten-to, que dio lugar a la conversión del primero.

Enfrente se ven el rey Ezequías en cama, gravemente enfermo, y el profeta Isaías que le promete, en nombre de Dios, quince años más de vida; como garantía de la pro-mesa le muestra un cuadrante solar cuya sombra retrocede diez grados.

Palacio del siglo XVIII. Oratorio
Palais du XVIIIᵉ siècle. Oratoire
Palace of the XVIIIth Century. Oratory

Palais aus dem XVIII Jahrh. Batzimmer
Palazzo del sec. XVIII. Oratorio
Paço do sèculo XVIII. Oratório

Goya: Tapiz: El Baile a orillas del Manzanares
Goya: Tapis: Le bal sur les rives du Manzanares
Goya: Tapestry: The dance on the banks of the Manzanares

Goya: Wandteppich: Der Tanz am Manzanaresufer
Goya: Arazzo: Il ballo alle rive del Manzanare
Goya: Tapête: O baile nas margens do Manzanares

Goya: Tapiz: La riña en la Venta Nueva
Goya: Tapis: La querelle à la Venta Nueva
Goya: Tapestry: The Fight in the New Inn

Goya: Wandteppich: Der Striet in der neuen Kneipe
Goya: Arazzo: La rissa alla taverna Nuova
Goya: Tapête: A rixa na Estalagem Nova

Goya: Tapiz: La cometa, siglo XVIII
Goya: Tapis: Le cerf-volant, XVIIIe siècle
Goya: Tapestry: The Kite, XVIIIth century

Goya: Wandteppich: Der Papierdrache, XVIII Jahrh
Goya: Arazzo: La Cometa, sec. XVIII
Goya: Tapête: Oa papagaio, S. XVIII

Goya: Tapiz: El cacharrero, siglo XVIII
Goya: Tapis: Le potier, XVIIIe siècle
Goya: Tapestry: The Pottery Seller, XVIIIth century

Goyà: Wandteppich: Der Toepfer, XVIII Jahrh
Goya: Arazzo: Il venditore di cocci, sec. XVIII
Goya: Tapête: O loiceiro, S. XVIII

Goya: Tapiz: Las lavanderas, siglo XVIII
Goya: Tapis: Les lavandières, XVIIIᵉ siècle
Goya: Tapestry: The Washerwomen, XVIIIth century

Goya: Wandteppich: Die Waschfrauen, XVIII Jahrh
Goya: Arazzo: Le lavandaie, sec. XVIII
Goya: Tapête: As lavadeiras, S. XVIII

Goya: Tapiz: Muchachos subiendo a un árbol
Goya: Tapis: Enfants grimpant sur un arbre
Goya: Tapestry: Boys climbing a tree

Goya: Wandteppich: Knaben auf einen Baum kletternd
Goya: Arazzo: Ragazzi che salgono su un albero
Goya: Tapête: Rapaces subindo a uma àrvore

Despacho del Rey
Bureau du Roi
The King´s Office

Arbeitszimmer des Koenigs
Studio del Re
Escritório do Rei

Segunda división. La *Geometría* en la bóveda, con un compás en la mano y varios niños alrededor. En el nicho izquierdo, están Arquímedes y Juan Muller, o de Monterregio; y en el derecho, Pitágoras y Aristarco. En la faja que separa esta ciencia de la anterior, están pintados Dicareo Sículo y Cirengo.

Debajo de la cornisa, a la izquierda, los sacerdotes egipcios señalan las líneas de las tierras, borradas por las inundaciones del Nilo; al otro lado, Arquímedes, que abstraído en la solución de un problema geométrico, no se da cuenta de que los soldados romanos han entrado en Siracusa por asalto y estos soldados le quitan la vida.

Tercera división. En la bóveda, tocando la lira, la *Música,* con varios niños. En el nicho de la izquierda, Túbal y Pitágoras; y enfrente, Anfión y Orfeo.

Debajo de la cornisa, a la derecha, Orfeo saca a su esposa Eurídice del infierno habiendo dormido antes al Cancerbero con la música de su lira; y enfrente, David, que aplaca, tocando el arpa, el enojo del rey Saúl.

Cuarta división. La *Aritmética* en la bóveda, acompañada de varios jóvenes que sostienen tablas con números.

En el nicho de la derecha, Jordán y Xenócrates; y Arquitas Tarentino y Boecio al otro lado.

Debajo de la cornisa, a la derecha, muchos filósofos Gimnosofistas, desnudos, discurren sobre los números; enfrente, la reina de Saba escucha y propone enigmas a Salomón.

Quinta división. En la bóveda, la *Dialéctica,* figura de difícil escorzo, coronada por la media luna, que representa el *argumentum cornutum* de los latinos, o *dilema* de los griegos, acompañada de varios muchachos.

En el nicho de la derecha, Protágoras y el filósofo Orígenes; enfrente, Zenón y Meliso.

Debajo de la cornisa, en el lado derecho, se figura a San Ambrosio y San Agustín disputando y Santa Mónica arrodillada rogando por la conversión de su hijo; enfrente, el filósofo Zenón de Elea, fundador de la Dialéctica, muestra a unos mancebos dos puertas que representan la Verdad y la Falsedad, estableciendo así el criterio de los sentidos.

En el arco y faja que dividen esta ciencia de la siguiente, están pintados, a la izquierda. Píndaro y Horacio; y Homero y Virgilio enfrente.

Sexta división. En la bóveda, la *Retórica* con el caduceo en la mano y varios niños y un león.

En el nicho de la derecha, Hércules Gálico, con la clava en la mano; salen de su boca cadenillas de plata y oro, que terminan en las orejas de varios varones que le escuchan, representadoras del poder de la elocuencia; enfrente, Cicerón salva a Cayo Rabirio, acusado de un crimen capital por haber dado muerte al perverso Saturnino.

Entre los dos arcos que separan esta división de la siguiente, se hallan representados Plinio y Tito Livio en medio de elegantes grutescos.

Séptima división. En la bóveda, la *Gramática,* con una guirnalda en una mano y unos azotes en la otra, acompañada de varios graciosos niños con sus libros y cartillas.

En el nicho de la izquierda, Marco Terencio Varrón y Sexto Pompeyo; enfrente, Tiberio Donato y Antonio de Nebrija.

Debajo de la cornisa, a la derecha, la primera escuela de gramática en Babilonia; a la izquierda, la edificación de la torre de Babel, donde tuvo origen la diversidad de lenguas.

Adornan el centro de la sala una esfera armilar y cinco mesas de mármol gris de la época de Felipe II, alternando con dos veladores octogonales de pórfido, regalo de Felipe IV; las mesas, en su parte baja, contienen también libros y la parte superior ha sido acondicionada como vitrina donde se exhiben códices de los más preciosos de la Biblioteca, tales, algunos de los libros de Alfonso el Sabio: las *Cantigas de Santa María,* el *Libro de los juegos,* el *Lapidario,* todos del siglo XIII ; varias *Obras autógrafas* de Santa Teresa de Jesús; *Breviarios* de los Reyes Católicos, Carlos V **(Pág. 99)** y de Felipe II, las dos últimas, obras del taller del El Escorial, así como un *Capitulario;* notables ejemplares de Códices mozárabes, escuela castellana de gran originalidad por su expresivismo y fuerza: tales, dos *Códices conciliares,* el *Albeldense* y el *Emilianensè,* ambos del siglo X, y un *Comentario de San Beato de Liébana al Apocalipsis* de San Juan, siglo XI: la *Crónica Troyana y el Ordenamiento de Alcalá,* ambos del siglo XIV, muestras notables de la miniatura castellana: el último perteneció a Pedro I el Cruel; el *Códice Virgiliano (Eneida),* ejemplo admirable de la miniatura italiana renacentista; y el *Libro de los Dibujos* de Francisco de Holanda, siglo XVI, que reproducen monumentos y otras antigüedades de Roma e Italia. El *Códice áureo,* escrito con letras doradas, que contiene los Evangelios, obra del Monasterio de Reichenau, Alemania (s. XI); El *Apocalipsis,* procedente de la Casa de Saboya (s. XIII); una preciosa colección de *Libros de Horas* de los siglos XV y XVI de arte flamenco y francés; un conjunto de Códices bizantinos y otro muy notable de manuscritos persas y árabes, entre los que sobresale un *Corán* procedente del rey de Berbería Mulev Zidán; también es sobresaliente la colección de encuadernaciones, tanto españolas como extranjeras. Su instalación en armarios de elegante traza, las pinturas alegóricas de su bóveda, los cuadros y otros complementos (vitrinas, esferas armilares, bustos, medallas), constituyeron un mode-

lo nuevo de Biblioteca en su época, que fue imitado después
para todas las sucesivas grandes bibliotecas regias creadas
posteriormente en Europa.

La llamada *Biblioteca de manuscritos,* estuvo colocada
encima de la principal y era mucho más pobre en su adorno; pero por temor a los incendios, se bajaron los libros con
sus estanterías a una espaciosa sala que da al Patio de los
Reyes, que guarda riquezas bibliográficas de valor incalculable.

Los Palacios.

Desde la época de la construcción del Monasterio, se
destinó para habitaciones de las personas regias y su séquito,
una cuarta parte del edificio, que comprende desde la mitad
de la fachada norte, hasta la mitad de la de oriente y además
todo el cuerpo saliente que rodea la capilla mayor: esta
parte se denomina *Habitaciones de Felipe II* y aquélla es la
que se llama propiamente *Palacio.*

Los Austrias hicieron de El Escorial el Sitio Real por ex-
celencia. En él pasaban largas temporadas los Reyes y su Corte
con gran aparato y esplendor, organizándose fiestas y rego-
cijos propios de la vida cortesana. Con el advenimiento de los
Borbones, además de El Escorial, La Granja, El Pardo y
Aranjuez hubieron de compartir la estancia de las reales
personas y su séquito. La afición a la caza, tan abundante
en los montes de El Escorial, llevaron a Carlos III y a su
hijo Carlos IV otra vez hacia su Palacio monasterial, al que
restauraron, decoraron y amueblaron con gran riqueza; Carlos IV mandó construir la escalera actual a su arquitecto
D. Juan de Villanueva.

El conjunto de muebles, sedas de tapizar, relojes, candelabros y arañas es muy notable; pero lo más importante que en el Palacio puede admirarse es la espléndida colección de más de 200 tapices, la mayoría de la Real Fábrica madrileña de Santa Bárbara que adornan los muros de sus habitaciones, dándoles una nota de riqueza y gracia con sus tonos alegres, en escenas populares, las más de Goya, Bayeu y Castillo, genuinamente españolas; y las donosas de Teniers o Wouwerman, flamencas.

Muchos de los techos pintados por Felipe López, lo están en el estilo pompeyano, tan del gusto de la época imperio. El conjunto de las salas así decoradas, con sus muebles en blanco y dorado, o de caoba con apliques de bronce dorado a fuego, cortinajes y tapizados que armonizan con ellos, sus relojes, candelabros, floreros, porcelanas del Buen Retiro, etc., son de un atractivo extraordinariamente grato y constituyen un modelo exacto y auténtico en todos sus elementos de la época de Fernando VII (Imperio).

Palacio de los Borbones.

Se ingresa al Palacio por el centro de la fachada norte **(Pág. 18)** (despacho de billetes), sigue la escalera, hecha por el arquitecto Villanueva, en el siglo XVIII, en la que se exhiben varias pinturas: las mejores, *Apolo desollando al sátiro Marsias* y *Aracné y la diosa Palas,* ambas de Lucas Jordán, algún *Florero* por Seghers y varios *paisajes* de autores diversos.

A continuación, tres salitas de paso con bellos muebles neoclásicos e Imperio y alguno romántico "catedral", cuadros y grabados, relojes y candelabros, inician la visita al Palacio de los Borbones. Citaremos sus pinturas más interesantes, como son las copias a todo color de las *Logias del Vaticano*, decoradas por Rafael, y *Museos del Vaticano* en las sobre-puertas (salita de entrada); *Adoración de los Reyes*, de esti-lo de A. Vaccaro; *Nacimiento de la Virgen* y su *Presentación en el Templo*, ambas de la escuela de Andrés del Sarto; la *Inmaculada*, busto murillesco; *Virgen con Niño que juega con un rosario*, por Artemisa Lomi, llamada Gentilleschi (s. XVIII). *Retrato de la infanta María Carolina Fernanda, niña* (con sombrero en la mano), por Francisco Lacoma (s. XIX).

Salita 2.ª Retratos de los reyes *Carlos III* y su esposa *Ma-ría Luisa*, copias de Goya; cuatro *bustos de damas*, por Rosal-va Carriera (1672-1757) y *Retrato del Príncipe de Capua*, *niño* (copiando un busto), por F. Lacoma.

La habitación siguiente se denomina el *Chinero*, por guar-darse y exhibirse en ella piezas "de China", es decir, preciosos ejemplares de porcelanas de China, Sajonia, Sèvres, y Buen Retiro. Adornan sus muros una colección de *Bodegones* de López Enguídanos, *Asunto de Caza*, copia de Martín de Vos, y un *Pelícano*, copia de una tabla de A. Durero.

El conjunto de habitaciones que se visitan seguidamente se denominan *del Rey* (Carlos IV) y constituyen las estancias que se usaron con carácter oficial. Comienzan con el *Comedor de gala*, amplia sala con espléndida colección de tapices de los pintores de la Corte, Goya, Bayeu, Castillo y Anglois **(Pág. 114)**. Son de Goya: *Los leñadores*, tejido en 1789, *El baile a orillas del Manzanares*, tejido en 1788 **(Pág. 130)**; de Bayeu: *Merienda en el campo, Florista, Horchatero, Merienda en la venta del cerero, El puente de Santa Isabel;* de Castillo: *El paseo de las Delicias;* de G. Anglois (imitación de Wouwer-man): *Soldado flamenco* y *El herrador;* y de Teniers, *Niños jugando al chito* y *El ciego y el lazarillo.* Sillería imperio tapizada de raso encarnado; relojes y arañas de cristal tallado.

Sigue una salita con tapices sobre cartones imitados de
Téniers y Wouwerman con escenas de soldados flamencos.
A continuación la *Antesala de Embajadores* **(Pág. 115)** con
un hermoso conjunto de tapices sobre cartones de Goya:
son, *La maja y los embozados, La cometa,* pintado en 1778,
(Pág. 132); *Muchachos cogiendo fruta,* pintado en 1777
(Pág. 135); *El cacharrero,* tejido en 1781 **(Pág. 133);** *El niño
del árbol,* pintado en 1779; *El balancín,* pintado en 1778; *Las
lavanderas,* tejido en 1789 **(Pág. 134);** *Las gigantillas,* tejido
en 1793. Pertenecen a Bayeu, *Jugadores de naipes;* y a Castillo, *El paseo de las Delicias.* Sillería imperio tapizada de raso
amarillo y tres consolas, dos de serpentina y una de jaspe con
relojes y jarrones de Sèvres.

El *Salón de Embajadores* **(Pág. 118)** es otra de las más
hermosas salas del Palacio del siglo XVIII, enriquecida
también con una colección de bellos tapices de Bayeu: *La
noche de Navidad, El juego de la vaquilla* **(Pág. 120)** , *La
taberna, El jardinero, El juego de bochas* **(Pág. 119)**. *El juego
de naipes* y *El choricero Pedro Rico,* natural de Candelario
(Salamanca), que lo era del rey Carlos IV. Muebles imperio
y sillería tapizada de seda blanca. Jarrones de Sèvres; relojes;
techo pintado por Felipe López.

La pequeña *Sala llamada del Oratorio* por el que en ella
se encuentra, exhibe tapices que representan *escenas del
Telémaco* por dibujos de Rubens (?), tejidos en la Real
Fábrica de Madrid: el encuentro de los náufragos Telémaco y Mentor con la ninfa Calipso en la playa de su isla (ahora cortado en dos), fue tejido por cartones del pintor
de Cámara de Felipe V, Miguel Angel Houasse, en 1734.
Muebles imperio y sillería tapizada en seda azul. Es notable
el relieve en marfil que representa el *Bautismo de Jesús,* que
se halla en el oratorio.

Todas las salas descritas reciben sus luces del patio del Palacio y corresponden al lado norte; a partir de la *Sala del Oratorio* siguen las piezas cuyo conjunto se denomina *Salas de la Reina* (M.ª Luisa, esposa de Carlos IV) y corresponden al lado de oriente, recibiendo también sus luces desde el patio por grandes balcones.

La primera Sala es la de tapices realizados por dibujos atribuidos a Rubens *(Sala de Rubens)* **(Pág. 146)** con escenas de las *Aventuras de Telémaco,* hijo de Ulises, según la obra de Fenelón. El de *Neptuno,* a quien se aparece la ninfa Calipso, apaciguando la tempestad en que van a naufragar Telémaco y Mentor, fue tejido en los Países Bajos en el siglo XVIII, por Urbano Leynier, bruselés (1674-1747); los demás, en la Fábrica madrileña de Santa Bárbara sobre cartones del pintor francés Houasse, como ya se indicó anteriormente. Los tapices de las sobrepuertas *Aves muertas* y *Un jabalí,* de Bayeu; Muebles imperio: sillería y rinconeras tapizadas de raso carmesí; encima de una cómoda, grupo de porcelana en bizcocho, procedente de la fábrica de Capodimonte, Nápoles, en 1781, que representa una cacería de jabalíes a la que asisten el rey Fernando IV de Nápoles, su esposa Carolina y otros personajes, regalo ofrecido en 1782 a Carlos IV de España, entonces Príncipe de Asturias. El techo pintado por Felipe López.

La sala siguiente está decorada con tapices de Anglois imitando a Wouwerman con asuntos de *cacerías*; en las sobrepuertas *Zorra comiendo un conejo* y *Aguila despedazando una liebre,* todos ellos obras de la Real Fábrica de Madrid. Sillería de estilo inglés tapizada en seda blanca.

La *Sala de estilo Pompeyano* **(Pág. 145),** por los bellísimos tapices que la decoran, en los que destacan grandes figuras femeniles, al modo de camafeos. En el del muro en que se

Rincón del Salón Pompeyano
Un côté du Salón Pompeïen
Corner of the Pompeian Salon

Der Pompejanische Saal
Angolo del Salone Pompeiano
Recanto do Salão Pompeiano

Antedormitorio primero   Das erste Vorzimmer
Premiere antichambre   Prima Anticamera del Dormitorio
First antedormitory   Primeira antecâmara

Perspectiva de la batalla de Higueruela
Perspective de la bataille de Higueruela
View of the battle of Higueruela

Die Schlacht von Higueruela
Prospettiva della battaglia della Higueruela
Perspectiva da batalha de Higueruela

Batalla de Higueruela · Die Schlacht von Higueruela
Bataille de Higueruela · Battaglia di Higueruela
Battle of Higueruela · Batalha de Higueruela

Salón de Honor
Salon d´Honneur
Hall of Honour

Ehrensaal
Salone d´Onore
Salão de Honra

Pinacoteca. Escuelas italianas
Pinacothèque. Ecoles Italiennes
Pinacotheca. Italian Schools

Bildergallerie. Italienische Schulen
Pinacoteca. Scuole Italiane
Pinacoteca. Escolas Italianas

Ribera: José guardando los ganados de Labán
Ribera: Joseph gardant les troupeaux de Labán
Ribera: Joseph grazing the Flock from Labán

Ribera: Joseph behuetend die Herden Labans
Ribera: Giussepe guardando gli allevamenti di Labán
Ribera: José guardando o gado de Labán

Velázquez: La Túnica de José
Velázquez: La tunique de Joseph
Velázquez: Joseph´s tunic

Velázquez: Tunike des Joseph
Velázquez: La tunica di Giussepe
Velázquez: A túnica de José

apoya la chimenea, se admiran dos de estas figuras, tan bien trabajadas, que parecen de relieve. Fueron tejidos en la Fábrica de Santa Bárbara de Madrid, por cartones de José del Castillo a fines del siglo XVIII. La sillería y rinconeras imperio van tapizadas de raso carmesí; en una de las mesas hay un hermoso reloj en alabastro y bronce con Psiquis y el Amor.

A continuación otra sala importante es la de *Tapices de Goya: La riña en la Venta Nueva,* uno de los más notables, pintado en 1791 **(Pág. 131);** *El niño del pájaro,* pintado en 1779. Otros tapices son: *El gaitero,* de autor desconocido; *Los pescadores, Los cazadores, El jardín de la Isla en Aranjuez* y *El toro ensogado,* son de Bayeu. Sillería neoclásica y cortinas de seda azul celeste pálido.

Una Saleta con pequeños tapices con escenas de caza en las sobrepuertas, da paso a la última Sala del Palacio del siglo XVIII: la de Tapices de Teniers, imitaciones realizadas en la Real Fábrica de Madrid: tales *El juego de Bolos, El juego de cartas, Los bebedores, Los fumadores en pipa* y *Tres paisanos.* De Goya, *Perros atraillados* (sobrepuerta). Sillería imperio.

Paralelas a las salas últimamente descritas, pero recibiendo sus luces por la fachada de Oriente, se encuentran las que fueron habitaciones particulares de los Reyes y, unidas a ellas, las salas situadas en el mismo piso de la torre del Nordeste, en la escuadra que forman los lienzos Oriente y Norte que constituyen uno de los conjuntos más espléndidos entre los que pueden admirarse en este Palacio: son las llamadas *Piezas de maderas finas,* que se visitan con billete especial. Comienza esta visita desde la Sala de los tapices de *Telémaco,* de la que se pasa al *Salón de Recepciones,* con muebles de estilo romántico 'catedral', en blanco, tapizados de seda amarilla; la chimenea es de

mármol negro y la araña de bronce y cristal; el techo es obra
de Felipe López. Varios tapices adornan este Salón, entre
los que sobresalen *La Florista, El puente del canal,* por Bayeu,
y *Escenas de caza con halcón,* de Teniers. De este Salón y
provistos de sendas babuchas, se visitan las *Piezas de Maderas
finas,* que reciben este nombre porque sus pavimentos, puertas, contraventanas y ventanas, frisos y molduras, constituyen
una obra delicada y primorosa de ebanistería y taracea; las
maderas son de hurunday, pará, lapacho, palosanto negro y
amarillo, palorrosa, cedro, ébano, terebinto. Se comenzó el
trabajo en época de Carlos IV (tan aficionado a la ebanistería
y torno) y se terminó en 1831, bajo la dirección del ebanista
de Cámara Angel Maeso; en ellas se admiran paisajes, jarrones con flores, lazos, colgantes, estrellas, grecas y adornos de
todas clases en un conjunto riquísimo y de gusto exquisito;
su coste fue de 28 millones de reales, suma muy elevada
para su época.

Los herrajes de todas las puertas y ventanas fueron obra
de Ignacio Millán, artista cerrajero de Cámara; el trabajo es
de embutidos de oro en hierro abrillantado, semejante a los de
Toledo y Eibar, realizado con exquisita prolijidad.

Las habitaciones se suceden en el orden siguiente: *despacho* **(Pág. 136),** *retrete, anteoratorio y oratorio* **(Pág. 129),**
destacándose en aquélla la mesa de despacho, primorosísima
y con preciosos relieves en bronce dorado a fuego, con
escenas históricas de hechos españoles (Rendición de Granada), y los taburetes también de primorosa ebanistería;
la tapicería de éstos es la misma que la de los paramentos
de las habitaciones, en ricas telas de seda y oro; el despacho (la más suntuosa de todas), en seda azul celeste; el
gabinete, en seda naranja; el anteoratorio, con bordados
sobre fondo amarillo; y el oratorio, en blanco, bordado de

oro y verde, figurando un emparrado. Maella pintó los techos, excepto el del anteoratorio, que es obra de Juan Gálvez.

Se retrocede y se vuelve al *Salón de Audiencias o de recepciones* para visitar seguidamente las restantes habitaciones, que son: una *Saleta* de paso, de estilo pompeyano, con sillería neoclásica Carlos IV y dos sillitas de tijera, filipinas, de laca; el *Dormitorio de la Reina,* con cama y sillones estilo Imperio; tapiz de la *Plaza de toros antigua;* el *Tocador de la Reina,* con el tapiz *Juego de pelota,* por Goya; en lugar aparte, retrete, cuya taza va incrustada de oro formando la decoración; *Dormitorio del Rey* (Carlos IV): cama neoclásica y habitación de aseo con lavabo; tapices *La calle de Alcalá* y *El baile de chisperos*, por Bayeu. El *Comedor de diario* con tapiz del *Juego de pelota,* de Goya; y la *Sala de música* (por el piano neoclásico que en ella se exhibe); muebles imperio, braseros con tarima como en el *Salón de Embajadores;* velador también imperio que sostiene un templete del mismo estilo en maderas finas y bronces dorados; arañas de cristal tallado; tapices de Bayeu: *El juego de bochas* (2.º tapiz), *La calle de Alcalá* (2.º tapiz) y *Jugadores de naipes;* de Anglois: *El pastor* y *El herrador;* y de Teniers, *La Vendimia.*

Sala de Batallas.

Tras la visita al Palacio, se pasa a continuación a un hermoso Salón de 55 × 5 m. y 7 de altura, la *Sala de Batallas* **(Págs. 147-148),** porque en ella se representan, pintadas al fresco, las más famosas batallas ganadas por ejércitos castellanos y españoles en diferentes épocas; en el lienzo de mediodía se halla la *Batalla de la Higueruela* ganada por Juan II de Castilla a los moros granadinos en Sierra Elvira en 1431, según un antiguo dibujo que se encontró en el Alcázar de Segovia (1587) y que al mostrarlo a Felipe II mandó éste que se reprodujese fielmente; comprende diversos episodios de la batalla: el campamento del rey de Castilla con sus tiendas y trincheras; los dos ejércitos enemigos puestos en orden de batalla, distinguiéndose en el castellano al rey Juan y al Condestable D. Alvaro de Luna, su valido; choque encarnizado de ambos ejércitos y, finalmente, el ejército granadino en completa derrota y dispersión: los castellanos penetran ya en los arrabales de Granada en la que todo es confusión y espanto, huyendo de ellos las moras con sus hijos (Granelo, Castello y Tavarón). En ambos testeros, se pintaron las dos expediciones que hizo con tanto éxito a las Islas Terceras o Azores la armada de Felipe II (Granelo); en el lado norte, entre las diez ventanas, se situaron varios episodios de la batalla y toma de San Quintín (Fabricio Castello) y de otras plazas en Francia y Flandes (Granelo, Tavarón); así como episodios de la conquista de Portugal y una revista de tropas en Cantillana ante Felipe II, en 1580. Sus autores fueron, como se ha indicado, Nicolás Granelo y Fabricio Castello, hijos del Bergamasco; Lázaro Tavarón y Orazio Cambiasso, hijo de Lucas, que pintaron también la bóveda muy vistosamente en el estilo pompeyano de grutescos renacimiento. Fue restaurada la sala, de 1882 a 1889, por Rudesindo Marín y sus hijos Manuel y Mariano; y en 1890 se colocó la barandilla de hierro, dibujo del arquitecto José de Lema.

Palacio del siglo XVI.

Contrasta con la grandiosidad del Monasterio y la riqueza del Palacio borbónico, la modestia del *Palacio del siglo XVI*, el que habitó y donde murió el gran Rey Fundador. Sus salas se distribuyen alrededor de la Capilla mayor de la iglesia y alrededor de un patio central de arquitectura dórica, denominado *de los Mascarones,* por dos fuentes que en su lado oriental vierten el agua por dos carátulas de piedra; todo el conjunto arquitectónico forma el llamado *mango de la parrilla* como vulgarmente se designa la planta del Monasterio. En tres grupos pueden repartirse estas salas: *Habitaciones de la Infanta Isabel Clara Eugenia, Salón del Trono* con sus antesalas y salas anejas y *Habitaciones de Felipe II.* Todas ellas quedaron abandonadas durante los siglos XVIII y XIX; pero en la segunda década de nuestro siglo fueron restauradas con toda probidad, conservando su primitiva disposición; en ellas, diversas obras de arte, muebles de la época, así como recuerdos personales del rey Prudente, de poderoso valor evocativo, contribuyen a despertar en el visitante la percepción de severa grandeza de los primitivos egregios moradores.

Desde la *Sala de Batallas* bájase por una escalera de piedra y pasando un claustro o galería adornada con cuadros al óleo de Fabricio Castello con árboles genealógicos de los reyes de la Casa de Austria, y otros de Pantoja de la Cruz que representan los grupos orantes de las familias de Carlos V y Felipe II, anteriores de los de bronce del Altar mayor y diferentes de ellos, se llega a las estancias que en un principio se denominaron *Aposento de la Reina* y que hoy se conocen como las *Habitaciones de la Princesa Isabel Clara Eugenia,* la hija predilecta de Felipe II, luego Gobernadora de los Países Bajos. A lo largo del lado norte, hay una habitación con ventanas a los jardines **(Pág. 177)** y en la que se abren dos alcobas o salas interiores; en su fondo hay dos oratorios de ricos mármoles, que comunican con el presbiterio y podían utilizarse en ciertos casos como tribuna reservada. En el dormitorio de Isabel Clara Eugenia puede admirarse una cama de nogal, con cortinajes y dosel de estilo oriental (siglo XVI), acaso filipinos o indios de Goa, así como algunos muebles de época, entre los que sobresalen un claviórgano que perteneció a Carlos V; un Cristo de marfil, por Alonso Cano, y en una mesita de nogal, un Nacimiento en cera que representa la *Adoración de los Reyes Magos,* y varios cuadritos en bronce trabajados a martillo con asuntos místicos. Diversas pinturas adornan los muros y entre las más notables deben mencionarse un tríptico con los *Desposorios místicos de Santa Catalina,* escuela de Colonia; los retratos de las infantas *Isabel Clara Eugenia,* por Bartolomé González, y *Catalina Micaela,* anónimo español del siglo XVI, hijas de Felipe II; *cabeza-retrato de este monarca,* anciano, atribuida a Sánchez Coello (?); el *Arcángel San Miguel* (de pie alanceando al diablo), tabla de escuela alemana (?); *retrato de un escritor* (sentado ante una mesa con libro abierto); *Tríptico* de escuela de Malinas; la *Virgen con Niño* leyendo delante de una fuente, con bienaventurados y ángeles músicos y como fondo, gran fachada gótica (centro); *Santa Inés* con varias Santas (derecha); *donante* con varios santos (izquierda), todo ello con fondo de grandes cipreses **(Pág. 165);** *Sagrada Familia,* escuela italiana; *Virgen con el Niño en los brazos,* con fondo de paisaje flamenco **(Pág. 163);** *Virgen con Niño coronada por ángeles,* ambos de escuela flamenca. *Calvario* (Cristo entre los dos ladrones, con la Virgen, San Juan y las Marías al pie de la Cruz y dos soldados jugándose la túnica del Salvador), uno de los muy notables y bellos ejemplares de la colección, por Frans Floris (Francisco de Vriend Floris, 1516-1570). Dos vitelas con la *Asunción de la Virgen* y *San Lorenzo en la parrilla,* de libros litúrgicos del taller del Monasterio miniaturados por sus mejores maestros, los monjes Fr. Andrés de León († 1580) y Fr. Julián de la Fuente el Saz († 1591); *miniatura-retrato de Doña Juana,* hermana de Felipe II, por Sánchez Coello (?); *Sagrada Familia con San Juanito,* escuela italiana; *Adoración de los Reyes* (tabla), por Benvenuto Garofalo (1491-1559); *Anunciación* y *San Pedro* (cobres); *Descendimiento* (La Virgen sostiene en su regazo el cuerpo de su Hijo muerto y la rodean San Juan, José de Arimatea y las Marías). En la Salita, otra *Virgen con Niño, La Oración del Huerto;* escuela española del siglo XV; *Santa Isabel y San Juan Bautista, niño* (y ángel con palma y cordero a la izquierda, alusivos a ambos).

Habitaciones de Felipe II.

A continuación de estas habitaciones de la Infanta Isabel Clara Eugenia, síguese un pasillo sobre la bóveda del Panteón de Reyes y que pasa por detrás del altar mayor para llegar a las *Habitaciones de Felipe II,* que corresponden al lado de mediodía; su planta es un cuadrado de 9 m. de lado dividido a lo largo por un tabique en dos partes casi iguales; la interior se divide a su vez por otro tabique perpendicular al primero en dos habitaciones pequeñas: una de ellas es el dormitorio en el que una puerta se abre sobre la iglesia; así, desde el lecho, el monarca podía seguir los cultos y las diversas posiciones del oficiante, como puede apreciarse en el dibujo original de Juan de Herrera, que se exhibe en esta misma habitación; en ella se conserva la cama con cortinas y dosel y una pila de agua bendita con cifra en bronce de Felipe II; completan el conjunto un par de sillones, diversos cuadritos de asunto religioso y el suelo se cubre con guadamecí o alfombra de cuero. En esta habitación falleció el gran rey el 13 de septiembre de 1598.

Comunicando la alcoba con el despacho hay un cuarto
de paso con un altar y en él una copia antigua de *Cristo con
la Cruz a cuestas,* de Tiziano.

La sala grande **(Págs. 180-181),** exterior, de casi 5 m. de
ancho, recibe luz por tres grandes ventanas a nivel del suelo.
El pavimento es de ladrillos, los muros y bóvedas están enluci-
dos de blanco y un alto zócalo de azulejos de Talavera, es su
único adorno; sirvió de despacho al Rey; la mesa, la car-
peta y el autógrafo, varios sillones fraileros con una banqueta
para la pierna enferma y la estantería con sus libros preferi-
dos, son los recuerdos personales del glorioso monarca. En
los muros se muestran numerosas pinturas, algunas de gran
interés como el Tríptico del Bosco *Los pecados capitales,* réplica del conservado en el Prado; también se le conoce como
El carro de heno, escena central, título inspirado en las palabras del Profeta Isaías *Omnis caro foenum,* "toda carne es
heno y toda su gloria como flor del campo"; sobre el carro,
los placeres mundanos, en figuras de una dama ricamente
ataviada y de un joven que toca el laúd; del carro tiran leones,
perros, lobos, osos y peces, todos con cuerpos de hombre,
simbolizando los vicios o pecados capitales; a él van llegando todas las jerarquías sociales pretendiendo escalar el
carro; en la hoja izquierda se representa *el pecado original y
Adán y Eva arrojados del Paraíso;* en la derecha el *Infierno*
con sus espantosos tormentos. Destaca también aunque en
tamaño muy pequeño, un *Descendimiento de la Cruz,* por el
alemán Adam Elsheimer (1578-1610); un *Calvario,* de escuela alemana, así como un busto de *Santa Elena* (tabla); *La
Presentación de la Virgen en el templo* (tabla), de escuela flamenca (en primer término San Joaquín y Santa Ana en actitud
de subir las escaleras que conducen a un templo gótico, delante del cual está la Virgen guiada por un ángel); los retratos

Museo de Arquitectura. Las máquinas
Musée d´Architecture. Les Machines
Museum of Architecture. Machines

Architekturmuseum. Die Maschinen
Museo d´Architettura. La macchine
Museu de Arquitectura. As máquinas

Roger Van der Weyden: Calvario   Roger Van der Weyden: Golgatha
Roger Van der Weyden: Calvaire   Roger Van der Weyden: Calvario
Roger Van der Weyden: Calvary   Roger Van der Weyden: Calvário

Virgen con el Niño. Escuela flamenca, siglo XVI
Vierge à l'enfant. Ecole flamande, XVIᵉ siècle
Virgin with the Child. Flemish Scool, XVIth century

Jungfrau mit dem Kind. Flaemische Schule, XVI Jahrh
Vergine col Bambino. Scuola flaminga, Sec. XVI
Virgem com o Menino. Escola flamenga, S. XVI

Joaquin Patinir: San Cristóbal   Joaquin Patinir: Der Hl. Christoph
Joaquin Patinir: Saint Christophe   Joaquin Patinir: San Cristoforo
Joaquin Patinir: St. Christopher   Joaquin Patinir: São Cristovao

Escuela de Malinas: La Virgen con el Niño
Ecole de Malines: Vierge à l'Enfant
School of Malinas: The Virgin with the Child

Schule von Mecheln. Die Jungfrau mit dem Kind
Scuola di Malinas. La Vergine col Bambino
Escola de Malinas. A Virgem com o Menino

El Greco: Martirio de San Mauricio
Le Greco: Martyre de Saint Maurice
The Greco: Martyrdom of St. Maurice

Der Greco: Mäertyrertum des Hl. Maurizius
Il Greco: Martirio di San Maurizio
O Greco: Martirio de São Maurício

El Greco: Adoración del Nombre de Jesús
Le Greco: Adoration du Nom de Jésus
The Greco: Adoration of the Name of Jesus

Der Greco: Anbetung des Namens Jesus
Il Greco: Adorazione del Nome di Gesú
O Greco: Adoração do Nome de Jesús

El Greco: San Pedro
Le Greco: Saint Pierre
The Greco: St. Peter

Der Greco: Der Hl. Petrus
Il Greco: San Pietro
O Greco: São Pedro

de busto de *Carlos V* (armado) y su esposa la *emperatriz Isabel,* jóvenes, escuela alemana (tablas); retrato en traje de Corte de *Felipe II, anciano* (Pantoja ?); *la Virgen con el Niño entre San Roque y San Sebastián,* por Benvenuto Garofalo (1481-1559); cuadrito que representa *el clavo de la Cruz de Cristo,* que fue freno del caballo de Constantino, hoy conservado en Milán, regalo de San Carlos Borromeo a Felipe II; *Transfiguración en el Monte Tabor,* copia de Rafael; *Sagrada Familia con San Juanito* (contemplando al Niño dormido), de escuela italiana; *Pesebre y coro de ángeles; San Juan Bautista en el desierto* y *Juicio final* con la resurrección de los muertos, tablas de escuela flamenca.

Otro pasillo conduce de las habitaciones de Felipe II al Salón del Trono y sus salas anejas, tal como la *Antecámara* o *Salón de Embajadores,* con sencillos muebles siguiendo el gusto de la época. Adornan las paredes de esta Sala varios cuadros, *Vistas de Residencias Reales y cazaderos* como El Pardo, Aranjuez, Valsaín, El Campillo, Aceca; grabados originales de Pedro Perret que reproducen diversas partes del Monasterio escurialense dibujadas por Juan de Herrera, su arquitecto, así como reproducciones de dibujos de éste para la obra. Como complementos de ornato de la Sala figuran una esfera armilar, una piedra-imán encontrada en las proximidades del Monasterio, colocada sobre un pedestal formado por cuatro columnas y un entablamento sujetando un peso de 5 kilogramos. Incrustado en el suelo, curioso reloj de sol en pizarra y bronce con una inscripción en cartela rococó que dice: "D.O.M. - P. Ioan Wendlingen - Ste. Baumgartner - Austr. Wien. - Qui navit 17A55" (A Dios Omnipotente y Máximo. El P. Juan Wendlingen de San Baumgartner, en Viena de Austria, [lo hizo] diligentemente el año 1755); en el extremo opuesto una F coronada de Fernando VI, también en bronce.

El *Salón del Trono* es una hermosa sala de 35 m. de largo;
los muebles son modernos, pero siguiendo el gusto de la
época, en su mayoría sillones tapizados de terciopelo encarnado con franjas de tejidos diversos; el trono se indica en
el centro de la pared del fondo por medio de una tarima bajo
dosel y en aquélla, sillón, copia del que perteneció a Carlos V;
en el muro cuelgan dos hermosos tapices del siglo XVI: estos
tapices, tejidos en Bruselas con lana, seda, plata y oro, cuyo
conjunto de tres se conoce bajo la denominación de *Dosel de
Carlos V,* no parece que originariamente se tejiesen con este
fin (aunque pudieron luego servir para formar un dosel), pues
son de diferentes fechas, si bien todos de la primera mitad del
siglo XVI. Solamente el tapiz que forma el techo o cielo del
dosel, que representa el *Padre Eterno con el Espíritu Santo*
rodeados de Serafines, fue hecho por Pedro Pannemaker, el más
célebre de los tapiceros de la ciudad; parece atribuirle su dibujo
a Miguel Coxcie o Coxcyen, del que consta que pintó varios
cartones y del que se conservan muchas obras en el Monasterio
escurialense como pintor del Rey que fue. El supuesto respaldo,
representa *El Cristo de la Misericordia,* Crucifixión entre la Virgen y San Juan y dos ángeles volando, así como dos figuras
sentadas: la Misericordia que recoge en un cáliz la sangre que
mana de la herida del costado de Cristo; y la Justicia envainan-
do la espada. Su estilo, las marcadas influencias italianas que
presenta y más aún de Rafael, hacen pensar en la intervención
de Bernardo van Orley **(Pág. 182).** A los lados, otros dos preciosos tapices también bruselenses y del siglo XVI, de la serie *Las
Esferas:* aquí la *celeste* y la *armilar* rodeadas de divinidades del
Olimpo y sostenidas por Hércules y Atlas, respectivamente.
Adornan los muros una colección de cuadros conmemorativos
de las batallas victoriosas para las armas de España en Fran-

cia y en Flandes bajo el gobierno de Felipe II: en ellos sobresale el que se refiere a la batalla de San Quintín, copia antigua de los hermanos Castello y Granello; una colección de mapas antiguos grabados y coloreados decora toda la sala, formando una banda uniforme a su alrededor; dos bargueños, mueble característico español, decoran los testeros menores; el mejor con herrajes de bronce calado, interior dorado con columnillas semejando arquitecturas renacentistas, aunque de gusto popular muy acentuado. En el suelo, reloj de sol idéntico al descrito en la Sala anterior y con igual fecha. La puerta que da paso a la sala siguiente es una hermosa obra de ebanistería alemana de fines del siglo XVI o principio del XVII, primorosa labor de taracea en maderas preciosas.

A continuación la Sala llamada actualmente *de retratos* por las pinturas que en ella predominan: son éstas los retratos de *Carlos V* (de más de medio cuerpo, de 47 años de edad), por Pantoja de la Cruz, firmado en 1547; de *Felipe II*, por Antonio Moro (Anton van Darshorst Mor, 1519 –1576); de *Felipe III*, copia antigua de Pantoja; el de *Felipe IV niño*, por Bartolomé González, firmado 1612; y el de *Carlos II* a la edad de 14 años, por Carreño, todos ellos representados de cuerpo entero y de pie; el de la infanta *D.ª Juana*, hermana de Felipe II atribuido a Sánchez Coello; el de *Don Juan de Austria*, hijo natural del Emperador Carlos V, copia de A. Moro; y el del Duque-General *Filiberto de Saboya*, de escuela española del siglo XVI. Las demás pinturas son: *Santa Margarita de Cortona*, copia de Tiziano (la Santa, de cuerpo entero, sale del dragón que revienta por virtud de la Cruz); y dos cuadros con el mismo asunto, *Las Tentaciones de San Antonio,* de la escuela del Bosco. Entre el moblaje se muestran, como curiosidad, dos sillitas de apoyar el Rey Felipe II su pierna enferma.

Terminan estas habitaciones con la llamada *de la Silla de manos,* por ser ésta la pieza más notable de su moblaje; esta silla fue muy utilizada por Felipe II para trasladarse de Madrid al Escorial y en ella hizo su último viaje para morir en su palacio monasterial. La silla se convertía en litera con sólo sujetar a los altos varales un toldo y cortinas laterales de lona o cuero. Esta Sala se adorna con numerosas pinturas: cuatro obras de Jacopo Bassano, *Adoración de los pastores,* la *Coronación de espinas, Jesús en casa de Marta y María* y *Noli me Tangere; Descendimiento,* de escuela alemana; *David cortando la cabeza a Goliat,* por Miguel Coxcie; *Sagrada Familia,* copia de Rafael (?); *Alegoría de las Artes;* la *Anunciación,* por B. Carducci (?); *El juicio de Salomón,* copia de Lucas Jordán; la *Flagelación del Señor* (Jesús, sentado en un gran patio y con los ojos vendados, recibe los escarnios de varios sayones), de Juan Correa (?). siglo XVI; y las *Marías en el sepulcro de Cristo,* del estilo de C. Veronés **(Pág. 183).**

Los Museos Nuevos.

Comprenden las recientes instalaciones para Pinacoteca y Museo de arquitectura.

La Pinacoteca. Al reintegrarse al Escorial la colección de pinturas, se comprobó la necesidad apremiante de emprender obras para una instalación adecuada de la extensa colección de pinturas, ya que se exhibían deficientemente desde antiguo en las Salas Capitulares y en la Sacristía del Monasterio, en las que la luz, escasa y nada conveniente, así como la falta de espacio, perjudicaban no sólo la contemplación de los cuadros, sino que menoscababan calidades excelsas de colorido, de luz y de composición de las obras maestras expuestas, tapizando por completo los muros, todavía con un criterio de la época barroca.

Ha sido posible acometer todas aquellas obras con medios más poderosos que los normales de mantenimiento de tan gran edificio, gracias al enorme esfuerzo llevado a cabo en restauraciones y reconstrucciones para procurar el mayor relieve y eficacia a la celebración del IV Centenario de la construcción del Monasterio. Las obras de restauración del *Palacio de Verano de Felipe II* son unas de las más destacables. Este Palacio se hallaba en completo abandono y franca ruina, sin carpintería, sin solados y destrozados los revocos, a pesar del intento de restauración por parte del arquitecto de la Casa Real José María Florit, a principios de siglo (Andrada)

Este Palacio coincide en todo con los que fueron *Aposentos reales* de Felipe II, aunque muy alterados a través del tiempo, sobre todo con Felipe IV y más con Carlos II, quien posiblemente varió la escalera de enlace de ambos Palacios de Verano y de Invierno, cerca de las habitaciones hoy llamadas de la Infanta Isabel Clara Eugenia. El de Verano se halla en la planta baja, al nivel del Jardín de los Frailes, y comprende todos los salones y cámaras con sus saletas, que coinciden absolutamente con las del piso superior o Palacio de Felipe II y que rodean el Patio de los Mascarones y forman "el mango de la parrilla" de la planta del Monasterio: en estas salas se han instalado las pinturas de escuelas flamenca, alemana, italiana y española **(Págs. 149 y 150).**

A este conjunto hay que agregar otros dos salones, habitaciones principales y de recepción en la época del Fundador, pero divididos en su altura y abundantemente tabicados en época de Carlos IV (1789-1808); ahora, derribados todos los añadidos y con una labor de restauración de la estructura original, vuelven a contemplarse estos apòsentos como fueron proyectados, con dimensiones y aspecto semejante a las Salas Capitulares; se han solado también como éstas, en mármoles blanco y gris; las jambas de las puertas, en mármol también gris, son las antiguas; el salón mayor (16 x 9,50 m.) presenta cinco huecos a la fachada de saliente, en dos alturas: los de arriba, con lunetos rectos cortando la bóveda de cañón elíptico corrido: es el denominado *Salón de Honor* del Museo; de él, y por dos puertas pequeñas, se pasa a otro salón de menores dimensiones (7,80 x 9,50 m.) que ofrece una bella bóveda en rincón de claustro, con lunetos: es la Sala llamada *de los Grecos;* volviendo al Salón de Honor, se sale finalmente a la galería del Patio de Palacio o de Chancillería.

A continuación describimos el contenido de las salas de este nuevo y hermoso Museo, que ha dotado a Madrid de otra Pinacoteca de primer orden.

Sala I. Reúne pinturas de los siglos XV y XVI de la escuela flamenca y alemana. Las pinturas capitales de esta Sala son el *Paisaje con San Cristóbal,* de Joaquín Patinir (1480-1524) **(Pág. 164),** la *Creación,* fragmento de *El Jardín de las Delicias,* réplica del ala del tríptico de este título en el Museo del Prado, por Jerónimo Bosch, el Bosco (1450-62-1516), *Los Improperios (Ecce-Homo),* en forma de tondo, también por el Bosco (Saleta 2.ª), los *Estudios de Historia Natural,* de Alberto Durero (1471-1528) y el *Tríptico* de Gérard David (1450-60-1523) con la *Piedad* (centro), *San Juan Bautista* (izquierda) y *San Francisco recibiendo los estigmas* (derecha). Las restantes obras son: en la Vitrina 1.ª, el *Tríptico* en vitela a la manera de un miniaturista anónimo que sigue la escuela de G. David, con *San Jerónimo en oración* (centro), la *Huida a Egipto* (izquierda) y *San Antonio* (derecha), las

Tentaciones de San Antonio, de la Escuela del Bosco; la Vitrina 2.ª contiene el mencionado tríptico en tabla de Gérard David; otra tabla de interés es *El cambista y su mujer,* por Marinus Reymerswaele († 1567), firmado en 1538 e inspirado en otra composición de Quintín Metsys en el Louvre, y *Los desposorios de Santa Catalina,* escuela de Malinas.

En la Saleta 1.ª al fondo, un gran *Calvario,* paño gótico del siglo XV con técnica "de trepas o de repostero", pero pintadas en vez de bordadas. Las vitrinas contienen las acuarelas de estudios de historia natural de Durero restauradas actualmente por Asensio: en la vitrina izquierda: *peces, rana, libélula y cangrejo; pájaros e insectos* (2 dibujos diferentes); *lirio, búho* (incompleto); en la vitrina derecha: *ala, murciélago, pájaros, mono y ave rapaz; paisaje del Valle de Isaxeo.* En la Saleta 2.ª además de los *Improperios* del Bosco se exhiben *Descanso en la huida a Egipto,* atribuido a Quintín Metsys (1465-1530) y otras *Tentaciones de San Antonio,* asimismo de la escuela del Bosco. La Sala I, con sus saletas, corresponde a las habitaciones de la hija predilecta de Felipe II, la infanta Isabel Clara Eugenia, que se hallan en el piso superior.

Sala II. Muestra obras del manierista Miguel Coxcie, el excelente pintor flamenco (1499-1592) que tanto trabajó para El Escorial: el *Tríptico de la historia de San Felipe* con el *Martirio del santo* (centro), *su predicación* (derecha) y su *prendimiento* (izquierda); *la Anunciación, la Virgen con el Niño, San Joaquín y Santa Ana; la Virgen y San José postrados adorando al Niño; ofrenda al Niño Jesús y Sagrada Cena.*

La *Sala III* contiene casi en su totalidad obras de Tiziano (1477-1576), todas ellas de extraordinario valor: tales el *Entierro de Cristo, Cristo crucificado* cuya sangre redentora es recogida por tres ángeles; *Cristo mostrado al pueblo por Pilatos (Ecce-Homo),* joya pictórica del Escorial; la *Oración del*

huerto y *San Jerónimo en oración.* Fuera de la serie tizianes-
ca figuran también el *Descanso en la huida a Egipto* y la
Adoración de los Reyes, de Bassano (1549-1592) y *Noli me
Tangere,* copia del Veronés por Lucas Jordán (1632-1705)
y *Jesús y la Samaritana.*

La gran *Sala IV,* que corresponde al Salón del Trono de la
planta principal, "es una de las más bellas salas de museo
que pueden verse en Europa: por el ambiente típicamente escurialense, de muros encalados y zócalos de azulejos y ventanales abiertos al Jardín de los Frailes, y también por la
excepcional calidad de las obras expuestas" (Lozoya). Son
ejemplares magníficos de la escuela veneciana y otras italianas; el conjunto más sobresaliente lo forman las obras de
Tiziano *La Ultima Cena* y *San Juan Bautista;* de Tintoretto
(Jacopo Robusti, 1518-1594) se muestra una espléndida
serie: *la Magdalena ungiendo los pies del Señor en casa del
fariseo, Magdalena penitente, Entierro de Cristo, Desmayo
de la reina Esther ante Asuero* y el *Nacimiento con la adoración de los pastores;* se le atribuye también un *Ecce-Homo.*
Del Veronés (Paolo Caliari, 1528 – 1588) figuran obras capitales como la *Anunciación, la Aparición de Cristo a su madre
acompañado de los padres del Limbo* y el *Padre y el Espíritu
Santo.* Las demás pinturas son: *Lot y su familia saliendo de
Sodoma guiados por un ángel,* de Andrés Vaccaro (1598-
1670); *Partida de Abraham* (con su familia y ganados para la
Tierra de Canaán por orden del Señor) y la *Cena de Emmaús,*
por Bassano (Giacomo da Ponte, 1510-15-1592); *Cristo
cargado con la cruz,* por Guido Reni (1575-1642), *Bautismo
de Cristo* y *San Jerónimo,* atribuidos a Palma el Joven
(1544-1628); la *Adoración de los Reyes* y la *Adoración de los
pastores,* de Federico Zuccaro (1542-43-1609), y un *Descendimiento,* también, de escuela veneciana.

Habitaciones de la Infanta Isabel Clara Eugenia
Appartements de l'Infante Isabelle Claire Eugénie
Apartments of the Infanta Isabel Clara Eugenia

Gemaecher der Prinzessin Isabel Clara Eugenia
Camere dell'Infanta Isabella Clara Eugenia
Habitaçoes da Infanta Isabel Clara Eugénia

Juan Pantoja de la Cruz: Felipe II anciano
Juan Pantoja de la Cruz: Philippe II âgé
Juan Pantoja de la Cruz: Philip II as an old man

Juan Pantoja de la Cruz: Filip II Greis
Juan Pantoja de la Cruz: Filippo II vecchio
Juan Pantoja de la Cruz: Felipe II anciao

Juan Pantoja de la Cruz: Felipe II anciano
Juan Pantoja de la Cruz: Philippe II âge
Juan Pantoja de la Cruz: Philip II as an old man

Juan Pantoja de la Cruz: Filip II Greis
Juan Pantoja de la Cruz: Filippo II vecchio
Juan Pantoja de la Cruz: Felipe II anciao

Habitaciones de Felipe II
Appartements de Philippe II
Apartments of Philip II

Gemaecher Filips II
Camere di Filippo II
Habitaçoes de Felipe II

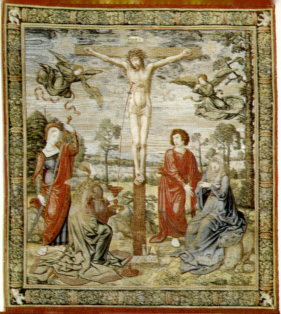

Tapices flamencos
Tapisseries flamandes
Flemish tapestries

Flamische Wanntppiche
Arazzi fiamminghi
Tapête flamengos

Sala de la Silla de Manos. Siglo XVI
Salle de la chaise à porteurs. XVIe siècle
Room of the Pedanchair. XVIth Century

Saal des Tragesessels. XVI Jahrh
Sala della Sedia a Mano. Sec. XVI
Sala da Liteira. S. XVI

El Greco: Detalle-busto de San Ildefonso   Der Greco: Der heilige Ildefons (Detail)
Le Greco: Détail de Saint Ildefonse   Il Greco: Particolare del busto di Sant´Ildefonso
The Greco: Detail of St. Ildephonse   O Greco: Pormenor-busto de São Ildefonso

La *Sala V* está dedicada a las obras del gran pintor español José de Ribera (1591-1652), entre las que se encuentran algunos de sus mejores ejemplares: tres *San Jerónimo Penitente* (de medio cuerpo y de perfil; extenuado, agarrado a unas cuerdas para levantarse; y con una calavera en la mano); *San Antonio, José apacentando los ganados de Labán* **(Pág. 151)** (dos de sus producciones sobresalientes); *San Francisco; Entierro de Cristo; Rey Ermitaño* (San Onofre?); *San Pablo; el filósofo Crisipo, San Juan Bautista niño* y el fabulista *Esopo*.

Entre las Salas V y VI, en una alacena diáfana por dos lados, bajo cristales, se muestran diversos modelos de loza de Talavera producida para las necesidades del Monasterio; tinteros, jarras, platos, tazones, fuentes hondas, barreños, azulejos para zócalos y estantes y superficies en ángulo (ss. XVI-XVII).

La *Sala VI* forma un conjunto de habitación con luz directa al jardín y dos saletas; corresponden en el piso superior a las habitaciones de Felipe II. Comprende también obras de la escuela española del siglo XVII: la pintura capital es la de Diego Velázquez (1599-1660). *Los hermanos de José presentan a su padre Jacob una túnica ensangrentada que atribuyen a José* **(Pág. 152),** pintada (como la *Fragua de Vulcano)* durante la estancia de Velázquez en Roma en 1630. Quedan a distancia de ella, no obstante su interés, *la Presentación de la Virgen en el Templo,* del taller de Zurbarán; el *Nacimiento de la Virgen,* por Juan de Valdés Leal (1622-1690); *Virgen con Niño,* atribuida a Alonso Cano (1601-1667); *David joven,* murillesco; y una *Vista del palacio de Aceca,* por Juan Bautista del Mazo († 1667). En la Saleta izquierda se exhiben un retrato de *Carlos II niño,* del taller de Juan Carreño (1614-1685) y un *San Pedro de Alcántara,* anónimo. En la

saleta derecha, retrato de *Felipe IV,* por Antonio Arias (†
1684), y dos de su esposa la *Reina Doña Mariana de Austria*
(joven, por el mismo Arias y otro de más edad y con tocas de
viuda del taller de Juan Carreño).

Las *Salas VII, VIII* y *IX* se hallan en torno al bello patio de
los Mascarones, del que reciben segundas luces, y en ellas se
han colocado obras secundarias de escuelas italiana y flamenca con algunos ejemplares en vías de estudio para una
justa valoración y atribuciones posibles.

La *Sala VII* reúne pinturas de escuela italiana, algunas
muy notables, como el *Profeta Isaías* y la *Sibila Eritrea,*
obras maestras de Alessandro Bonvicino, llamado Moretto da
Brescia (c. 1498-1554); y la titulada *Asunto Místico* (Cristo
adulto e imberbe, la Virgen y San Pedro Mártir, de Verona,
impetran de Dios Padre en favor de tres penitentes), obra
de Mariotto Albertinelli (1474-1515); completan dos grisallas
anónimas. *Bajada de Cristo al Limbo y Resurrección; Madonna
o Virgen con Niño* y otra *Virgen con Niño y San Juanito,* copia
de Rafael, por Nicolás Poussin (1594-1665).

También la *Sala VIII* muestra obras de escuela italiana:
Descendimiento (escuela del Veronés); *Lot embriagado por
sus hijas,* del Guercino (1591-1665); *Virgen con el Niño y San
Juanito,* llamada la Virgen del Roble, atribuida al Pordenone
(?); y un *Ecce-Homo* de G. B. Crespi (c. 1576-1632).

La *Sala IX* contiene diversas obras, tanto de escuela italiana como flamenca y holandesa: así *Bodegón con granadas,
peras y uvas* y *Bodegón con uvas, peras, ciruelas y manzanas
que unos pájaros están picando,* ambos en lienzo pegado
sobre tabla, excelentes, debido al holandés Jan Davidsz de
Heem (1606-1683-84); dos *Floreros en hornacina,* por Daniel
Seghers (1590-1661); una *Sagrada Familia,* de escuela italiana; *Virgen con el Niño;* otra *Virgen con el Niño* de escuela de

Van Dyck; otro *Bodegón* del flamenco Georg Van-Son (1623-
1667), con langosta, limón, uvas, melocotones... y la joya de
la Sala; la *Cena de Emmaús,* de Pedro Pablo Rubens (1577-
1640), boceto del cuadro conservado en el Museo del Prado.

Por la misma escalera que conduce a la planta de bóvedas
donde está instalado el Museo de Arquitectura, se sale a las
galerías que rodean el que se llamó patio principal del Palacio;
y allí, en dos grandes salones abovedados, se han reunido
varios lienzos de importancia capital y que por su tamaño no
podían colocarse en las salas relativamente pequeñas del Palacio de verano de Felipe II, que hemos ido describiendo. La
primera de estas hermosas estancias recibe el nombre de *Salón de Honor* y está dedicada a la gloria del Rey fundador. En
ella destaca de modo impresionante el *Martirio de San Mauricio y la Legión Tebana* **(Págs. 149 y 166)** obra maestra de Domenico Theotocopuli, el Greco (1541-1614), y una de las más
extraordinarias de la pintura universal; la colocación actual
del cuadro, el más importante de la colección escurialense,
permite apreciar todas sus excepcionales calidades: "es ahora
cuando se le puede contemplar con la suficiente perspectiva y
con la luz precisa para saborear la acumulación de maravillas
que integran la obra genial" (Lozoya). En ella se representan
varios momentos del martirio decretado por el emperador Maximiano Hércules, que mandó matar a todos los componentes
de la Legión Tebana, desde su jefe, San Mauricio, hasta el
último de sus soldados, todos ellos cristianos, por haberse
negado a participar en los sacrificios a los dioses ordenados
por el emperador, al que la Legión acompañó a las Galias para
combatir a los bagaudas sublevados; Maximiano Hércules hizo
que por dos veces fuese diezmada la Legión, pero como no
cediese en su fe, ordenó su ejecución total en 286 después
de Jesucristo. El vibrante colorido y la composición originalí-

sima, distribuyendo en diversos grupos a los mártires; y los
ángeles en lo alto en un vislumbre de Gloria, hacen más
patético el grandioso lienzo.

En la misma Sala puede admirarse otra hermosa pintura,
el gran *Calvario* de Roger van der Weyden (1399-1464)
(**Pág. 162**), así como la magnífica copia de la obra maestra del
mismo famoso pintor flamenco el *Descendimiento,* hecha por
Miguel Coxcie por orden de Felipe II, que la pagó en 1569.
El original, pintado hacia 1435 para la Capilla de los balleste-
ros de Lovaina, fue adquirido por María de Hungría, hermana
de Carlos V, y enviado a España; Felipe II lo instaló en El
Escorial en 1574; hoy se conserva en el Museo del Prado.

El muro del fondo de este salón, frente a las ventanas, se
adorna con gran tapiz perteneciente a la Serie de la *Conquista
de Túnez,* una de las más famosas tapicerías de Bruselas y sin
duda la obra más célebre del tapicero Guillermo Pannemaker,
que la terminó en 1554: está tejida con oro de Milán y plata
finos, seda fina de Granada e hilo de Lyón. Se conservan 10
paños, aunque fueron 12 los de la serie: el más hermoso de
todos es el que se expone (segundo de la serie) y representa
la *Revista en Barcelona del Ejército expedicionario, por
Carlos V,* acompañado por personajes de su corte y por la
guardia del Emperador (14 mayo 1535). Como singularidad de
esta tapicería ha de destacarse la novedad de la composición,
buscando el efecto de amplias perspectivas como un verdadero cuadro de batallas; y la exclusiva de presentar largos le-
treros explicativos en castellano que aparecen en lo alto de
las orlas (Sánchez Cantón); en la parte baja, también largos
versos latinos comentan asimismo el asunto. En el muro
opuesto, otro precioso tapiz del siglo XVI, aunque de tamaño
mucho más reducido, representa el *Jardín de las Delicias,* al
que sirvió de modelo el *Tríptico* de igual asunto del Bosco.

Completan el ornato de este Salón una vitrina que contiene *la espada* y *la gorguera de Carlos V* y varios *documentos* referentes al Escorial y al Rey: la *carta autógrafa de Felipe II* notificando a su padre el Emperador el éxito de la batalla de San Quintín (28 de agosto 1557: Archivo de Simancas); la *escritura de dotación* de la Fundación del Monasterio de El Escorial, fechada en 28 de abril de 1567; *el testamento cerrado de Felipe II,* en Madrid, a 7 de marzo de 1594; y el *Codicilo* otorgado por el monarca con fecha 23 de agosto de 1597, los tres documentos en el Archivo de Palacio, en Madrid. Y sobre una mesa italiana con incrustaciones de marfil grabado representando escenas mitológicas, se muestra una preciosa arca de hierro labrado con refuerzos y medallones de bronce dorado y grabado, estos últimos con figuras de la mitología pagana o alegorías al gusto de la época (s. XVI). Dos armaduras con pica, también del siglo XVI, una de infante y otra de jinete, en sendos maniquíes, semejan montar la guardia en la gran sala **(Pág. 149)**.

Termina la Pinacoteca con la llamada *Sala del Greco o de los Grecos,* porque en ella se exhiben los restantes cuadros del genial pintor de Toledo, en una deslumbradora policromía que destaca bellísimamente en la grandiosa sencillez de esta sala abovedada, devuelta a su primitiva belleza y severidad herrerianas por una de las más felices restauraciones llevadas a cabo en el nuevo conjunto museístico escurialense. Son estas pinturas la *Adoración del Nombre de Jesús* **(Pág. 167)** en la que aparece el Rey Felipe II arrodillado entre muchas otras gentes, con la Gloria y el Infierno, cuadro llamado comúnmente *El sueño de Felipe II* sin mayor razón, pues alude al pasaje de la Epístola de San Pablo a los Filipenses: "En el Nombre de Jesús, toda rodilla se dobla en los cielos, en la tierra y en los infiernos"; la espléndida policromía y la audaz composición, se admiran ahora en toda su grandiosidad. *San Eugenio* (llamado también *San Ildefonso*, puesto que ambos nombres aparecen en los inventarios antiguos), una de las más bellas y delicadas pinturas del Greco **(Pág. 184)** así como el *San Pedro*, otra obra maestra, **(Pág. 168)** y los dos cuadros de *San Francisco*. Acompañan dos pinturas con el mismo tema, la *Adoración de los Reyes*, debida a los dos Veronés, padre e hijo, Paolo y Carlo, († 1596). Un precioso tapiz flamenco de la serie de *Las Esferas* (s. XVI), aquí *la esfera terrestre* acompañada por Júpiter y Juno, completan el contenido de esta bellísima sala.

Una escueta enumeración del conjunto de las pinturas reunidas en las nuevas Salas, como la que aquí se hace, resulta fría por la obligada brevedad, ante la grandiosidad, la maestría, el fabuloso valor en las calidades de excepción de la mayor parte de los lienzos citados. Pero basta esta breve enumeración para dar idea de la extraordinaria importancia artística de la colección pictórica conservada en el Monasterio de El Escorial: las obras maestras son señeras junto a las producciones de valor secundario, que aun así calificadas, la mayoría de ellas pueden apreciarse como excelentes.

El Museo de la arquitectura del Monasterio.

La zona en que se ha instalado el Museo fue denominada por su arquitecto Juan de Herrera "planta de bóvedas" y está formada por la crujía que va desde las habitaciones del lado norte del Palacio de Verano de Felipe II hasta la Torre de las Damas (NE). Destinada desde siglos a trastero y almacenes, estaba totalmente desfigurada con cerramientos y divisiones; la restauración y limpieza de estos añadidos ha dado por resul-

tado un conjunto de bella y recia construcción, "marco adecua-
dísimo para la exhibición de los estudios y trabajos de una época gloriosa de nuestra arquitectura, quizá la más representativa
del género español" (González Valcárcel). Comprende este
Museo seis amplias estancias abovedadas, una galería igualmente abovedada, dividida en tres tramos rectangulares y dos
cuadrados; este conjunto se enlaza por dos escaleras a la
zona del Palacio y su visita resulta fácil y cómoda dentro de
los itinerarios del Monasterio. Su instalación respetando la
original arquitectura de las salas, ha sido muy sencilla, pero
muy moderna, reuniendo, valorando y destacando ordenada-
mente los elementos y datos necesarios para estudiar en
todos sus aspectos la gigantesca obra de la construcción del
Monasterio **(Pág. 161)**.

Sala I: Equipos de artífices. "Los artífices no fueron los que
trabajaron sólo materialmente en la obra, sino que representa-
ban muchas profesiones: políticos, con el rey Felipe II a la
cabeza; teólogos y humanistas, arquitectos y aparejadores,
maestros de todas las especialidades con sus obras; pintores
y escultores, botánicos, médicos, músicos...; de tal modo, que
apenas hubo profesión o clase social que no estuviese repre-
sentada en la obra escurialense en los 21 años que ésta duró.
Con un trabajo ordenado y paciente se reinventaron las grandes soluciones estéticas y las técnicas antiguas ya olvidadas.
Se anticiparon soluciones para los problemas estéticos y téc-
nicos de hoy y, además, para las cuestiones sociales y de organización racional del trabajo, que caracterizan nuestro
tiempo". Se presenta la iconografía de estos artífices: Juan de
Herrera, el arquitecto y matemático; Benito Arias Montano,
teólogo y humanista; Fr. Antonio de Villacastín, maestro de
las obras; el P. José Sigüenza, primer historiador del Monasterio; los pintores Peregrín Tibaldi, Lázaro Tavarone, Lucas

Cambiasso, Luchetto; Navarrete el Mudo, Federico Zuccaro; el Bosco; el Greco; Miguel Coxcie; Tiziano; Tintoretto; los escultores León Leoni y Juan de Arfe; el lapidario Jácome de Trezzo. Cuando no se muestra efigie de estos artífices, sus nombres se recogen en unas bellas cartelas que reproducen grabados xilográficos con las alegorías de la Arquitectura, la Pintura y la Escultura, figurando en ellas por su respectiva profesión; tales los nombres de Juan Bautista de Toledo, el primer arquitecto, Monegro y Pompeyo Leoni, escultores; Francisco de Mora, arquitecto; los pintores Luis de Carvajal, Juan y Martín Gómez, Juan Bautista Castello, El Bergamasco; Rómulo Cincinatto, Rodrigo de Holanda, Fabricio Castello y Nicolás Granello, Horacio Cambiasso, Miguel Barroso, Francisco de Urbina, Bartolomé Carduccio, Juan Pantoja de la Cruz.

Sala II: El edificio. Se exhiben en esta sala numerosos detalles de carácter económico referentes a *los costos* de las diferentes partes de la obra y a la suma total empleada en la construcción en moneda de la época y su equivalencia actual en pesetas: diversos grabados y dibujos destacan en tono verdoso cada una de las partes de que trata el respectivo costo. También se muestran unos *Esquemas* de la organización general de la obra arquitectónica y de la organización de la Tesorería o económicos. En una vitrina se exponen diversos documentos referentes a la obra: Instrucción general dada por el rey Felipe II, año 1572. –Libranzas. – Nóminas: pliegos perforados, para archivar, en los que se hacían constar las sumas abonadas a los obreros y proveedores; y el *Diario de las obras,* manuscrito autógrafo de Fr. Juan de San Jerónimo; así como un ejemplar de la *Historia de la Orden de San Jerónimo,* por Fr. José de Sigüenza (segunda edición, Madrid, 1600), en que se trata de la fundación y construcción del Monasterio.

Casita del Príncipe y Jardín
La maison du Prince, vue des jardins
Prince´s Cottage and garden

Blick auf das Untere Prinzenpalais
Palazzino del Principe e giardino
Casinha do Príncipe e Jardim

193

Vista parcial del zaguán
Aperçu sur un angle du vestibule
Partial view of the entrance hall

Teilansicht des Vestibüls (unten)
Veduta parziale dell'entrata
Vista parcial do Vestíbulo

Sala de la Torre
Salle de la Tour
Tower Room

Der Hauptsaal
Sala della Torre
Sala da Torre

Comedor
La salle à manger
Dining-room

Der Speisesaal
Sala da Pranzo
Sala de Jantar

Sala denominada de Corrado Giacquinto
Salle dite de Corrado Giacquinto
The Giaquinto room

Salon mit Gemälden Corrado Giaquintos.
Sala considdetta di Corrado Giaquinto
Sala denominada de Corrado Giacquinto

Fachada principal y jardín   Die Eingangsseite und der Vorgarten
Façade principale et jardin   Facciata principale e giardino
Main façade and garden   Fachada principal e Jardim

Despacho   Das Arbeitszimmer
Le Bureau   Studio
Office   Escritório

Angulo de la Saleta
Angle du petit-salon
Corner of "la Saleta"

Der Salon. Teilansicht
Angolo della Saletta
Ângulo da Saleta

Sala III: Trazas de Juan de Herrera y sus seguidores para la construcción escurialense. Se han expuesto gran número de los planos, trazas y dibujos debidos al arquitecto Juan de Herrera, hombre de excepcional calidad artística y matemática. La colección se conserva en la Biblioteca del Palacio Real de Madrid y fueron publicados por el Patrimonio Nacional en 1945. Se exhiben los dibujos: Sección de la iglesia por su eje mayor; planta de la iglesia, de los cimientos, de sus pilares y de su torre del lado de la Epístola; estudio de cornisa de la iglesia; alzado de una de las torres; planta de la torre de ángulo correspondiente a la celda prioral; apunte del altar de las Reliquias; croquis de los patios pequeños del Monasterio; planos de obra de las crujías que dividen el patio del Palacio Real; del solado de la escalera principal; planta del Panteón de Reyes; seis plantas de los aposentos reales a la parte de Oriente; cerramiento de la Lonja; Sección del molino del Monasterio; croquis de la segunda casa de oficios, su planta baja y su planta definitiva y la del piso segundo.

Sala IV: Grabados de Pierre Perret: Este dibujante y grabador flamenco (Amberes 1555-Madrid 1624-25) vino a Madrid en 1583 desde Roma, donde trabajaba para perfeccionarse en su arte, contratado por Juan de Herrera para grabar en cobre los dibujos que éste había hecho del Monasterio de San Lorenzo el Real de El Escorial a fin de dar a conocer al mundo tan grandiosa obra, en una colección de láminas tan en boga en su tiempo. Perret trabajó en ellas desde 1583 a 1589. Desde este año estuvo al servicio del monarca y en 1595 Felipe II le nombró grabador de las obras reales. Estas *láminas* son: 1) Planta 1.ª y general de todo el edificio; 2) planta segunda general; 3) Ortografía (alzado) de la entrada del templo y sección interior del convento y colegio; 4) Ortografía y sección interior del templo con su retablo y altar mayor y

claustros del convento y Casa Real; 5) Ortografía y sección
interior del templo y parte del convento y aposentos reales;
6) Ortografía exterior meridional del templo y aposentos reales
(fachada meridional); 7) Perspectiva general; 8) Retablo Mayor
9) Sagrario de Jácome Trezzo; 10) Sección de la parte interior
del mismo; 11) 1, Custodia; 2, Planta del Sagrario; 12) Perspectiva de la capilla y altar mayor.

Las láminas pertenecen a la colección de la Biblioteca del
Palacio Real de Madrid, excepto la Perspectiva del retablo de
la Capilla mayor, que pertenece a la Sección de Bellas Artes
de la Biblioteca Nacional. Hay que agregar un precioso dibujo original de Herrera de la fachada meridional del Monasterio,
perteneciente asimismo a dicha Sección.

Sala V: Iconografía del Monasterio. Grabados. El Monasterio es sin duda uno de los edificios más famosos del
mundo; y aun antes de haber sido terminado, ya circulaban
por todas las Cortes de Europa dibujos y grabados que comenzaron a divulgar su conocida silueta de parrilla invertida.
Cada período de arte, del barroco al romanticismo, ha tenido
en El Escorial uno de sus temas favoritos.

En esta Sala se muestran algunos ejemplos de cómo ha
sido visto El Escorial en las diferentes épocas; en una vitrina
encontramos su reproducción en diferentes obras; en el *Thea-
trum Orbis Terrarum*, de Abraham Ortelio (Amberes, Officina
Plantiniana, 1602); en la *Descripción breve del Monasterio
de San Lorenzo el Real del Escorial, única maravilla del
Mundo*, del P. Francisco de los Santos (Madrid 1657), publi-
cada al inaugurarse el Panteón de Reyes; en la *Geografía
Blaviana: España;* (Amsterdam, Juan Blaeu, 1672), con la lle-
gada de la Corte al Escorial; en el tomo II de los *Annales
d'Espagne et de Portugal*, de Juan Alvarez de Colmenar

(Amsterdam, 1741); y en la 4.ª edición (Madrid, 1698) de la *Descripción breve del Monasterio de San Lorenzo el Real,* del P. Francisco de los Santos.

En láminas sueltas las colecciones románticas de diferentes vistas de exteriores e interiores del Monasterio; una, grabada a buril por López Enguídanos, según dibujos de José Gómez de Navia; y otra formada por las litografías realizadas por Asselineau sobre pinturas de Francisco Brambilla. Ambas colecciones pertenecen a la Biblioteca del Palacio Real de Madrid. En uno de los muros de la Sala, dos pinturas al fresco representan a Felipe II, que lleva una rosa en la mano, símbolo de la Arquitectura, y ante él se agrupan algunos de los artífices de El Escorial: Herrera, Fr. Antonio de Villacastín, Trezzo y Benito Arias Montano, obra firmada por el arquitecto y pintor Joaquín "Vaquero Turcios, 1963".

La Sala VI: Iconografía. Contiene algunas pinturas de la época y posteriores, como la perspectiva del Monasterio en la tabla del holandés Isaac Jacob Swanenburgh del siglo XVI (Colección González Valcárcel); el cobre anónimo del siglo XVII que ha servido para el cartel de las fiestas centenarias en 1963; la pintura alusiva a los triunfos de Felipe V sobre su contrincante el archiduque de Austria o *Felipe V vencedor de la Herejía* (dragón), acompañado de la Fe y la Reina María Luisa de Saboya, primera esposa del monarca, con su hijo el Príncipe D. Luis; entre ambos esposos, el Monasterio escurialense; en el cielo, la Virgen del Patrocinio entre San Jerónimo y San Lorenzo: la pintura se atribuye a Felipe de Silva (siglo XVIII); del siglo XIX, las pinturas de Fernando Brambilla: *Interior del templo con el Monumento de Semana Santa;* el *Monasterio por levante;* el *Patio de los Evangelistas;* la *Vista del Monasterio por la parte sur,* anónima; y la *Vista del Monasterio por la parte de levante y sur,* por Francisco Van Halen (1851). Además puede admirarse la maqueta en madera cedida por el Museo de Arquitectura de la Escuela Superior de Arquitectura de Madrid. Se exhibe también un cobre que representa a la Sagrada Familia aparecido en la cubierta de una de las linternas cuando se procedía a su reparación actual: parece de mano de Juan Francisco Romanelli (1617-1663).

Sala VII. Las Herramientas. Se presentan en esta sala varias colecciones de herramientas que se utilizaron en la construcción del Monasterio, todas ellas procedentes de los diversos palacios del Patrimonio Nacional. Muchas de éstas, que no se emplean en la actualidad, han ido evolucionando a formas parecidas. Las más importantes son las siguientes: *Espadones* de cantero, con hojas lisas y hojas en forma de sierra. Se empleaban para extender el mortero de cal entre los sillares. *Llagueros,* para descarnas y limpiar juntas. *Batidoras* para las bascas donde se preparaba la cal. *Paletas* de mano. *Sierras,* para madera, manejadas entre dos hombres. *Cazos,* de varios tamaños, para fundir el plomo y otras clases de metales. *Punteros,* para la labra de la piedra. *Brocas,* para las calas en el terreno. *Escantillones,* de cantería y carpintería. *Horquillas, pinchos, picos, rastrillos,* para los hornos de la cal. *Agujas o clavijas,* empleadas para alineaciones. *Pisones. Abrejuntas,* con diversas formas de bocas. *Serretas. Trepas.*

Sala VIII. Los materiales. Aquí pueden apreciarse los principales materiales constructivos que se emplearon para levantar El Escorial.

Granito, procedente de las cercanías del Monasterio. Se empleó de dos clases de grano, el más fino para los paramentos. Las canteras de Bernardos (Avila) se abrieron para proporcionar este material primordial. *Cerámica. Ladrillos* de barro corriente; del llamado "de cántaro" más fino, para frisos y arcos vistos. *Azulejos,* empleados como zócalos de las habitaciones reales, principalmente. *Pizarra*, empleada para cubrir las techumbres. Por primera vez se utilizó este material en España en El Escorial, teniendo que venir obreros de Flandes para enseñar cómo se acoplaba.

Sala IX. Carpintería. La perfección a que llegaron toda clase de oficios constructivos en El Escorial queda patentizada en esta muestra de carpintería que se exhibe. Carpintería de taller, pero tan bien trabajada, que más parece obra de ebanistería. Se expone:

Maqueta, de la armadura del chapitel de la Torre de las Damas, construida a escala, con maderas antiguas, para este Museo. *Planos de la armadura de la Torre,* con detalles constructivos de los principales ensambles. *Ensambles,* auténticos, de las armaduras de las torres, que han tenido que ser sustituidas por otras a causa de la invasión de "termites" que sufrió el Monasterio recientemente. *Abrazaderas,* para el ensamble en "rayo de Júpiter", de hierro forjado, hechas para el nabo del chapitel. *Clavos* de diferentes clases usados en la construcción, desde los de gran tamaño a los de "ala de mosca", para sujetar las tejas de pizarra. *Puertas,* contraventanas bajas de balcón, de cuarterones a la española. Se exponen dos, una completa y otra despiezada, en la que puede apreciarse la verdadera filigrana de esta carpintería.

Sala X. De los oficios. Entre los oficios que intervinieron en la gran obra, aquí se presentan muestras de algunos.

Cerrajería, con una curiosa colección de llaves antiguas. *Plomería:* diversos tipos de utilización del plomo, en las cubiertas. *Vidrios:* muestras de los distintos tipos de vidrios empleados, que se fabricaban con sílices traídos de La Granja. *Hierro:* balaustres para barandillas de escalera y balcones.

Plata procedente de las minas de Linares; se utilizó en gran cantidad para orfebrería del culto sagrado. *Oro* empleado con profusión en los retablos, rejas y detalles arquitectónicos.

Sala XI. Las máquinas. Juan de Herrera no fue sólo un gran arquitecto, sino también un inventor de "máquinas" que se adelantaron con mucho a su época. Su famosa "pluma" es una verdadera grúa de su total invención. En esta Sala se puede admirar (1):

Memorial de Herrera a Felipe II "De la máquina", en el que explica el funcionamiento y necesidad de la "pluma" o grúa (Biblioteca del Monasterio). *Pluma:* maqueta de esta grúa hecha ahora según las trazas de Herrera, con madera de la época de construcción del Monasterio. *Tenaza* de gran tamaño, para elevar los sillares; una de ellas sosteniendo el bloque de granito. *Poleas* de diferentes formas y tamaños, con sogas y ganchos de la época. *Trípodes. Fotografía* en gran tamaño del dibujo de 1576 en el que aparece el Monasterio a medio construir. En él puede verse claramente cómo trabajaban las "plumas" ideadas por Herrera. Leyenda del grabado: "The King of Spyne's House at". (Col. Lord Burghley, Londres) ahora en el Museo Británico.

Por la variedad de su contenido, por la grandiosidad de cada uno de sus conjuntos, por la riqueza de sus colecciones artísticas, por sus innúmeras sugerencias históricas, por la belleza de su situación topográfica, la visita al Monasterio de San Lorenzo de El Escorial ha de ser uno de los recuerdos que más han de perdurar en el ánimo de los visitantes.

---

(1)   La descripción de las Salas VII a XI corresponde casi al pie de la letra al Catálogo que los arquitectos Carlos de Miguel, Javier Fecuchi y Jesús Bosch publicaron para la inauguración del Museo.

CASITA DEL PRINCIPE

Es un pequeño edificio situado en las proximidades de la estación del ferrocarril, en lo más bajo del valle formado por las estribaciones de la Sierra de Guadarrama, entre frondosas arboledas. Recibe su nombre por haber sido mandada construir por el entonces Príncipe de Asturias, heredero de la Corona, D. Carlos, luego Carlos IV. En su tiempo, el edificio se denominó también *Casino del Príncipe,* como casa de recreo que era, y asimismo *Casita de Abajo* para distinguirla de la que en la proximidad también del Monasterio, pero hacia occidente, poseía el Infante D. Gabriel, hermano del Príncipe, conocida por *Casita de Arriba.*

En el año de 1772 mandó D. Carlos al arquitecto don Juan de Villanueva que le hiciese a sus expensas una *Casita* o *Casino* en un terreno de su pertenencia en la parte oriental del Monasterio de San Lorenzo. Y fue deseo muy reiterado del Príncipe el de decorar y alhajar esta *Casita* con toda clase de bellezas artísticas: para ello reunió pinturas de notable mérito, hermosos muebles y relojes, valiosos objetos de adorno, tapices y alfombras de la Real Fábrica madrileña de Santa Bárbara; espléndidas arañas y lámparas y dos conjuntos de piezas excepcionales procedentes ambos de los talleres de la también Real Fábrica del Buen Retiro: una nutrida colección de 226 porcelanas en el estilo de la inglesa de Weedgwood (fondo azul y relieves en blanco en forma de plaquitas, enmarcadas como pequeños cuadros, que presentan escenas mitológicas,

cestillos y ramos de flores, jarrones, bustos-retratos en silueta y otros adornos; y otra preciosa serie de cuadritos de
marfil, primorosamente tallados, así como bellísimas figuras
del mismo rico material, verdaderas obras maestras en pequeño tamaño por el gusto exquisito y la superior habilidad de
los artistas que las realizaron.

Por su parte, el arquitecto construyó un sencillo edificio
de granito gris, de planta en forma de T, constituido por una
torre cuadrada central a la que se adosan por tres de sus
lados N., S. y O. tres brazos rectangulares; en el alzado se
señalaban dos pisos, el superior menos alto, con tres ventanas
en cada piso y cuerpos de la fachada principal; presenta mayor altura el núcleo central que forma así la torre corta con
tejado de pizarra rematado por una aguja. La fachada principal
orientada al Este **(Pág. 193)** mide 27 m. y se divide en tres
cuerpos; sus únicos elementos de adorno son sencillas repi-
sas y guardapolvos en las ventanas del piso bajo y breve
cornisa que señala con ligero saliente el piso superior. Lo más
bello de la fachada es el elegante pórtico saliente que en el
centro de ella da ingreso a la *Casita:* sobre un basamento de
tres peldaños se levantan cuatro columnas toscanas que sostienen alto entablamento muy sencillo, el cual rodeado de
barandilla de hierro forma amplio balcón saliente sobre la
cornisa; la fachada de poniente, mucho más estrecha, puesto
que corresponde al lado menor del rectángulo, presenta un
pequeño porche en su centro sostenido también por dos columnas toscanas.

A tan sencilla, aunque elegante apariencia externa, corresponde un precioso interior formado por una serie de
habitaciones la mayor parte de reducido tamaño, ricamente
tapizadas con sedas brochadas o bordadas de la época de
Carlos IV y su hijo Fernando VII y alguna restaurada mo-

dernamente siguiendo los estilos neoclásicos e imperio. Conjunto muy notable son las pinturas de las bóvedas, casi todas en estilo pompeyano con variantes diversas que singularizan elegantemente cada sala: fueron sus autores Juan Duque, Jacinto Gómez Pastor, Manuel Pérez y Felipe López; los techos decorados con estucos dorados, lo fueron por Ferroni (comedor) y los hermanos Pablo y Mateo Brilli. Los suelos son en general de mármoles con sencillas losas y losetas en blanco y negro respectivamente y de mármoles de color y jaspes la escalera y alguna de las habitaciones del piso alto; pero los suelos más bellos son los correspondientes a las salas llamadas "de maderas finas", por estar aquéllos constituidos por primorosos ensamblados y embutidos de maderas preciosas de diferentes colores formando follajes y flores, grecas y otros adornos (tres salas consecutivas en la primera meseta de la escalera). Mármoles y jaspes se emplearon también en muchos zócalos de las diversas salas.

Por su belleza y sus riquezas, muy pronto fue admirada y famosa la *Casita del Príncipe;* por desgracia, la invasión napoleónica dañó fuertemente las residencias reales, perdiéndose muchos de los valiosos objetos que en ellas se conservaban: tal sucedió en la *Casita* que vió desaparecer muchas de sus preciosidades. Fernando VII procuró que este palacete volviese a ser el lugar de recreo y descanso que su padre Carlos IV quiso poseer y nuevamente amuebló y decoró algunas de sus salas con el gusto ostentoso de su tiempo (el de estilo Imperio) reuniéndose otra vez en la *Casita* cuantos objetos de arte pudieron encontrarse y que a ella habían pertenecido. En la tasación hecha entonces por orden del Monarca, resultó que el edificio con sus bosques y tierras y las preciosidades que encerraba ascendía a 150 millones de reales (37 millones y medio de pesetas).

Durante el mandato de la Reina Gobernadora, D.ª María Cristina de Borbón, viuda de Fernando VII y por temor a las facciones de la provincia de Toledo y valle del Tiétar, se trasladaron a Madrid, para su seguridad, la mayor parte de los cuadros de la *Casita del Príncipe*, que en su mayoría fueron finalmente colocados en el Real Museo de Pinturas (Prado). En los reinados posteriores nada hubo en especial que afectase a la *Casita* hasta la época de D. Alfonso XIII en que se restauraron acertadamente los techos.

Así, hoy, de nuevo la *Casita del Príncipe* es un gracioso y bello palacete rodeado de jardines y arboledas, lugar placentero y tranquilo, que muestra otra vez bellezas de todas clases en pinturas, muebles, arañas, relojes, porcelanas, marfiles, esculturas y sedas decorativas. Como en todos los antiguos Sitios y Palacios Reales, el valor de estas colecciones es además, el de su autenticidad: la mayor parte de cuanto en la *Casita* puede admirarse fue hecho para el lugar en que se conserva. Solamente los cuadros no son, a veces, los que primitivamente figuraron en sus Salas por haber pasado a formar parte de las colecciones del primer Museo de la Nación, el Museo del Prado o de Salones del Palacio de Oriente, lugares que se estimaron más adecuados para su conservación y admiración pública.

La visita turística a la *Casita del Príncipe* comprende actualmente el conjunto de Salas y habitaciones de la planta baja, once en total: el *Vestíbulo* **(Pág. 194)** desde el cual se inicia la visita, comenzando por las habitaciones a la mano izquierda de la entrada: en la *1.ª Sala* (2.ª si se cuenta el *Vestíbulo*) se exhibe una interesante colección de cuadros de Lucas Jordán, unos de asunto mitológico *(Rapto de Proserpina por Plutón, Caída de Faetón)*; otros, religiosos *(Aparición de Jesucristo a Magdalena)* o históricos *(Rapto de las Sa-*

binas, Semiramis) **(Pág. 195)** en la *2.ª Sala,* entre las pinturas de floreros y bodegones que la adornan, puede admirarse el *Bodegón de la sandía,* de López Enguídanos, de singular realismo, en el que destaca la transparencia de un vaso con agua. A continuación, en la *3.ª Sala* se admira el precioso conjunto de pinturas debido asimismo a Lucas Jordán, Alegorías de las Virtudes *(Caridad, Fortaleza, Templanza)* y *Partes del Mundo* (Europa, Asia, Africa y América). Es de advertir que la *Casita del Príncipe* constituye uno de los más numerosos e importantes depósitos de las pinturas de este maestro italiano del siglo XVII y de otro gran pintor del XVIII, el también italiano Corrado Giaquinto **(Pág. 197).**

La *4.ª Sala* es una pequeña habitación por la que se sale al *pasillo* donde hay que anotar dos obras pictóricas de interés. *Santa Catalina,* de Guido Reni, y *Santa Cecilia,* de Domenico Zampieri, el "Dominiquino".

El *comedor* **(Pág. 196)** es la habitación de mayor tamaño de la *Casita* y una de las más suntuosas; el tapizado de muebles y muros y los cortinajes son de raso verde; la bóveda está decorada con bellos estucos en blanco y oro, por Ferroni; los cuadros que aquí se muestran son casi todos de Lucas Jordán, sobresaliendo los que ocupan los dos testeros mayores de esta sala que representan la *Muerte de Juliano el Apóstata* y la *Conversión de San Pablo,* admirables de movimiento, colorido y fuerza; también es suya una *Inmaculada Concepción.*

Los muebles son de estilo Imperio y entre todos debe citarse la gran mesa central de caoba y mosaicos de mármoles españoles sostenida por 16 columnas con capiteles de bronce dorado de orden corintio: el reverso del tablero, presenta precioso artesonado tallado y dorado que puede admirarse gracias a que la mesa posee una plataforma inferior con espejos que lo reflejan. Este mueble no es propiamente de comedor, sino que sirvió para exhibir una vajilla de cristal de roca regalada a Fernando VII; una gran araña de 48 luces en bronce dorado y cristal tallado, completa la decoración.

El comedor abre ampliamente a la *sala del café,* ovalada; ocupa el fondo del comedor y corresponde a la fachada de poniente: es oval, como su nombre indica, y entre las puertas y ventanas se abren cuatro hornacinas con cuatro esculturas de mármol blanco que imitan antiguos bustos de emperadores romanos; las paredes y techo de esta salita son de bellos estucos blancos en relieve y adornos dorados, obra de Pablo y Mateo Brilli; en el centro y sobre un velador, se halla un templete de alabastro, de planta circular con cúpula, bellamente tallado, que presenta en su interior un busto de Fernando VII.

De nuevo ha de salirse al Vestíbulo para visitar las habitaciones del lado derecha. Sobresalen las Salas con excelente colección de cuadros de Corrado Giaquinto **(Pág. 197),** colección que se continúa en la última de las de la planta baja, que exhibe también curiosos y delicados cuadritos modelados con pasta de arroz, por Genes. Las pinturas de Corrado Giaquinto son de asunto religioso, de asunto mitológico y alegorías: así, los santos españoles *San Ildefonso, San Hermenegildo, San Isidro Labrador* y su esposa *Santa María de la Cabeza; Oración del Huerto, Flagelación del Señor, Coronación de Espinas* y *Calvario: La Diosa Ceres, Adonis, Apolo y Dafne;* Alegorías de la *Abundancia* y del *Comercio;* y la *Astronomía,* la *Victoria,* copias de las pinturas de la escalera del Real Palacio de Madrid, obra del mismo artista, así como los bocetos de algunos *Asuntos mitológicos* para el mismo lugar.

Todas las habitaciones muestran preciosos muebles, ricas arañas de bronce dorado y cristal tallado, candelabros y hermosos relojes, generalmente de tipo Imperio, en armonía con el conjunto de la decoración, acompañados de jarrones de porcelana del Buen Retiro y de Sèvres.

CASITA DE ARRIBA

A semejanza de la Casita de Abajo o del Príncipe (de Asturias), el infante D. Gabriel de Borbón, su hermano, encargó al mismo arquitecto D. Juan de Villanueva y por la misma época, la construcción, a sus expensas, de otra *Casita* o casino **(Pág. 198)**; levantada en la parte occidental del Monasterio y situada sobre un altozano, recibió por ello la denominación de *Casita de Arriba;* su situación como sobre una balconada, le procura hermosas vistas. Es más pequeña y sencilla que la Casita del Príncipe y no tuvo nunca tanta importancia, ni reunió las riquezas y exquisitas obras de arte que aquélla.

Constituye un solo cuerpo de planta cuadrada, todo él de piedra granítica, en el que se acusan ligeramente dos pisos, el superior de poca altura. La fachada principal, sobriamente armoniosa, presenta un atrio principal o porche de columnas jónicas y complicado coronamiento. Las habitaciones se distribuyen alrededor de un salón central **(Págs. 199-200);** especie de rotonda rematada con cúpula: acaso aquí se dieran los conciertos a que tan aficionado era el Infante. Sirvió de residencia veraniega hasta la época de Fernando VII.

Se halla rodeada de un jardín de bojes y en otro plano inferior, junto a éste, se construyó una gran alberca o estanque.

Recientemente el Patrimonio Nacional ha restaurado esta Casita, tapizándola bellamente y llevando a ella algunos cuadros y los muebles adecuados, así como relojes y arañas de cristal tallado y bronce dorado de las que varias figuraban de antiguo en la Casita, resultando ahora otro pequeño palacete de agradable y rápida visita y desde cuyos bellos jardines se disfrutan espléndidos panoramas.

SILLA DE FELIPE II

A unos dos kilómetros en línea recta del Monasterio, en la dehesa del Castañar, al pie de los montes denominados Los Ermitaños, va alzándose el camino sobre la ladera hasta terminar en una eminencia en la que se esparcen grandes peñas de las que tanto abundan en aquellos parajes; en lo alto de una de las mayores se labraron varios asientos, que reciben el nombre de la *Silla de Felipe II,* pues tradicionalmente se supone que allí acudía el monarca para presenciar la construcción del Monasterio; no parece muy verosímil esta suposición, pero sí que pudo disfrutar del lugar desde el que se gozan espléndidas perspectivas y temperatura deliciosa en verano. El Patrimonio Nacional ha realizado obras de embellecimiento del lugar, haciéndolo más fácilmente asequible y cómodo para los visitantes **(Pág. 24).**

INDICE DE ILUSTRACIONES

INDICE GENERAL ALFABETICO

GUIAS TURISTICAS

PATRIMONIO NACIONAL

Palacio Real de Madrid.
Real Armería de Madrid.
Museo de Carruajes. Madrid.
Museo de los Reales Monasterios de las Descalzas Reales
  y de la Encarnación.
Real Sitio de El Pardo.
Santa Cruz del Valle de los Caídos.
Real Sitio de Aranjuez.
Palacio Real de La Granja.
Monasterio de las Huelgas de Burgos
  y *Monasterio de Santa Clara* de Tordesillas.

LIBRERIA DEL PATRIMONIO NACIONAL
Plaza de Oriente, 6 (esquina a Felipe V) - 28013 Madrid

PATRIMONIO NACIONAL

REVISTA REALES SITIOS

COLECCION SELECTA

LIBRO DE HORAS
DE ISABEL LA CATOLICA

LIBRO DE LA MONTERIA
DEL REY DE CASTILLA ALFONSO XI

FIESTAS REALES
EN EL REINADO DE FERNANDO VI

LAS PAREJAS
JUEGO HIPICO DEL SIGLO XVIII

EL CODICE AUREO
LOS CUATRO EVANGELIOS

TEATRO MILITAR DE EUROPA
UNIFORMES ESPAÑOLES

CANTIGAS DE SANTA MARIA

GABINETE DE LETRAS

TRUJILLO DEL PERU
EN EL SIGLO XVIII

CRONICA TROYANA

FIESTAS EN MANILA. AÑO 1825

LIBRERIA EDITORIAL PATRIMONIO NACIONAL - PL. ORIENTE, 6 - 28013 MADRID